프로그래밍 지식이 전무해도 OK

문과계열 비전공자를
AI 활용 인재로
만들어주는 책

아티오
ArtStudio

【 감수 】

오니시 가나코 (大西可奈子)

• AI 연구가

• 2012년 오차노미즈여자대학원 박사 후기 과정 수료. 박사(자연과학). 같은 해에 NTT도코모 입사.
  2016년부터 2년간, 정보통신연구기구(NICT)에 파견. 대화 시스템 연구 개발에 종사. 2020년부터 AI 기획
  담당자로 대형 IT 기업 근무. AI의 설계 및 운용 분야 종사하면서 AI에 관한 강연 및 세미나, 기사, 서적
  집필 및 감수 등 다양한 분야에서 활약. 저서에는 《가장 쉬운 AI 입문서(인공지능)》이 있다.

• 〈공식 웹사이트〉 https://kanakoonishi.com/

Chou Jissen! AI Jinzai ni Naru Hon
ⓒ Kanako Onishi 2021
First published in Japan 2021 by Gakken Plus Co., Ltd., Tokyo
Korean translation rights arranged with Gakken Plus Co., Ltd.
through Shinwon Agency Co.

프로그래밍 지식이 전무해도 OK
문과계열 비전공자를 AI 활용 인재로 만들어주는 책

2022년 7월 25일 초판 인쇄
2022년 7월 30일 초판 발행

펴낸이	김정철
펴낸곳	아티오
감 수	오니시 가나코
검 토	박정환
번 역	전지혜
마케팅	강원경
편 집	이효정
전 화	031-983-4092~3
팩 스	031-696-5780
등 록	2013년 2월 22일
정 가	19,000원
주 소	경기도 고양시 일산동구 호수로 336 (브라운스톤, 백석동)
홈페이지	http://www.atio.co.kr

* 아티오는 Art Studio의 줄임말로 혼을 깃들인 예술적인 감각으로 도서를 만들어 독자에게 최상의 지식을 전달해 드리고
  자 하는 마음을 담고 있습니다.

의사소통 결여로 인한 인식의 차이

'관계자 간에 완성될 이미지를 공유하지 않았다!'

'도입해봤지만, 현장에서 활용해주지 않는다!'

'문제 발생! 프로젝트가 전혀 진행되지 않고 있다······'

시스템 개발 현장에서는 AI(인공지능)로 해결해야 할 과제가 애매하게 남은 상태에서 프로젝트를 시작하는 경우도 적지 않습니다. 저는 지금까지 IT 기업 등에서 일하며 수많은 AI 시스템의 설계, 개발, 도입을 지원해 왔습니다. 그 경험을 통해 프로젝트가 실패하는 원인이 다음 3가지에 있다고 판단하게 되었습니다.

- 기획 측과 개발 측 간의 인식이 서로 어긋난 상태에서 개발이 진행된다.
- 개발 도중에 예산 부족을 겪는다.
- 예정되어 있던 기능을 장착하는데 기술적인 어려움이 있다.

이 3가지 원인은 기획자와 개발자의 의사소통 부족과 깊은 관련이 있습니다. 어느 엔지니어가 데이터베이스를 개발했다고 가정해 봅시다. 이때 기획 측의 현장에서 이런 불만의 소리가 나오기 시작합니다.

'현장 상황을 고려해서 조금 더 사용하기 편한 시스템으로 해주면 좋겠다.'

이 문제를 해결하려면 무엇이 필요할까요?

데이터베이스 개발에는 수많은 전문 기술이 필요합니다. 보안 면에서도 만전을 기해야만 하죠. 그리고 개발에 드는 시간에도 한계가 있습니다.

개발 측은 상품과 서비스, 그리고 업무 흐름과 비즈니스 로직을 모두 이해하고 있지는 않습니다.

기획 측도 시스템 개발의 흐름과 방법을 모두 이해하고 있지는 않죠.

기획 측과 개발 측이 '의사소통 결여(공통 언어를 가지고 있지 않은) 상태'에서는 만족할 만한 시스템을 완성할 수 없습니다.

시스템이나 소프트웨어 개발에서는 기획 측이 '과제'를 던지고, 개발 측이 '해결책'을 제안하고, 그 후에 기획 측이 '다른 과제'를 제시하고, 개발 측이 그 '해결책'을 생각하는 등의 캐치볼과 같은 의사소통이 생략되어서는 안 됩니다.

이러한 의사소통을 생략하면 '아무도 만족할 수 없는 시스템'이 완성되고 맙니다. 양쪽이 서로 발걸음을 맞추면 조금 더 간단히 기술 혁신과 업무 개선을 실현할 수 있습니다.

전문 지식이 없어도 AI를 활용할 수 있다

현재 저는 AI 개발의 최전선에서 딥러닝 등 새로운 기계학습 기술(현재의 AI에 이용되는 기술)을 사용한 시스템의 설계나 도입을 돕고 있지만, 원래는 자연 언어 처리가 전문이라서 기계학습에 관해서는 아무것도 알지 못했습니다.

자연 언어 처리란 인간이 일상에서 사용하는 언어를 컴퓨터로 처리하기 위한 기술입니다. 구체적으로는 '대화형 AI 시스템' 등에 이용되고 있죠. 이것은 대화 형식으로 인간의 질문에 답하는 시스템으로, 최근에는 스마트폰 애플리케이션이나 SNS에서도 사용될 정도로 우리에게 친숙한 기술입니다.

그래서 입사 후에는 기계학습에 관한 부족한 지식을 보완하기 위해 열심히 공부했습니다. 그리고 필요성에 쫓겨 공부하면서 느낀 점은 현장에 도움이 되는 책이 굉장히 부족하다는 점이었습니다.

초보자용 개론 서적은 실무에 도움이 되지 않았고, 기술자용 전문 서적은 불친절했습니다. 인터넷에는 수많은 정보가 제공되고 있지만, 특정 주제에 한정되어 있어 내용도 난이도도 제각각이었습니다. 그래서 '비엔지니어'인 사람에게 정말로 필요한 정보를 제대로 전달하고 싶다는 생각에 이 책을 쓰기 시작했습니다.

이 책을 계기로 AI에 대한 '고정관념'을 가능한 한 없애고 싶습니다.

예를 들어 사람들 대부분은 'AI를 이해하려면 전문 지식이 필요하지 않을까?' 라고 생각합니다. 하지만 실제로는 프로젝트와 관련된 대부분의 사람에게는 전문 지식이 필요하지 않습니다. 물론 프로그램 코드를 만들 필요도 없죠. 프로젝트와 관련된 비엔지니어는 'AI의 개념만 이해'하고 있으면 됩니다.

이 책에는 비엔지니어가 AI 엔지니어와 의사소통하기 위한 지식을 한데 모아두었습니다. 디지털 기술로 가장 장래성이 있는 'AI'에 초점을 맞춰서 'AI 엔지니어와 상담할 수 있는 인재(문과 계열의 AI 인재)' 되기를 목표로 삼아봅시다.

수학이나 통계에 약해도, 컴퓨터를 잘 다루지 못해도 괜찮습니다. 기획, 영업, 홍보, 인사, 총무 등, 지금 어떤 업무를 하고 있든 상관없습니다. 단 한 가지 필요한 부분은 여러분이 회사의 비즈니스 로직을 잘 이해하고 있어야 한다는 점입니다. 비즈니스 로직을 숙지하고 있고 약간의 AI 핵심만 이해하고 있으면 AI 엔지니어와 의사소통이 가능해집니다.

'AI 담당'이 되었다면 무엇부터 시작해야 할까?

AI 개발은 AI 엔지니어의 일이지만, 프로젝트 전체에서 생각해보면 '극히 일부'에 해당하기도 합니다. 데이터 수집, 시스템 운용, 진행 관리, 평가, 개선 등 처리해야 할 일이 산더미처럼 많기 때문이죠.

그리고 AI 개발 이외에는 모두 '문과 계열 AI 인재(비엔지니어)'가 지원하는 업무입니다.

앞으로는 AI 엔지니어와 손을 잡고 AI 프로젝트를 관리할 수 있는 문과 계열 AI 인재가 활약하는 시대가 찾아올 것입니다. 현재 국내 기업에서도 AI를 활용한 프로젝트가 많이 진행되고 있지만, AI를 만드는 사람보다 AI를 운용할 수 있는 사람을 원하고 있습니다.

지금만큼 'AI의 핵심을 아는 사람'을 원하는 시대는 없습니다. 'IT를 잘 모르니까 분명 AI도 잘 모를 거야' 라고 단념하지 마십시오. '지금이 기회!'입니다.

그렇다면 실제로 어떤 능력을 익히면 문과 계열 AI 인재로 활약할 수 있을까요? 이 책에서는 '기획력', '분석력', '추진력' 이렇게 3가지 능력으로 나눠서 설명하고자 합니다.

'기획력'이란 AI를 사용할 부분을 발견하는 능력입니다. 여러분의 비즈니스 로직과 대조해 보면서 '어디에 AI를 사용하면 좋은 결과가 나올지'를 예측할 수 있도록 목표로 삼아 봅시다.

'분석력'이란 AI 시스템에 필요한 데이터를 준비하는 능력입니다. AI 시스템이 의도대로 작동하기 위해 어떤 데이터가 필요한지, 어떻게 수집하면 좋을지를 발견하기 위한 능력을 기릅니다.

마지막으로 '추진력'은 프로젝트를 관리하는 능력입니다. 개발이 한 번의 시도로 완성되는 일은 매우 드문 일이므로 PDCA(계획(Plan) → 실행(Do) → 평가(Check) → 개선(Action)이라는 뜻으로 반복 실행하여 목표 달성을 위해 사용하는 방법 − 역주)를 진행하면서 AI 시스템을 완성에 가깝게 하기 위한 노하우를 전달합니다. 시스템 개발의 흐름과 방법을 지식으로 익혀두면 더욱더 원활한 의사소통을 실현할 수 있습니다.

이 책을 읽기 위해 통계학, 프로그램 언어, 알고리즘 등의 예비지식은 전혀 필요하지 않습니다. 전문 서적에서만 볼 수 있는 특수 용어도 되도록 배제했습니다.

하지만 AI 서적을 처음으로 읽는다면 제2장의 '기초지식론'에서 고전을 면치 못할 수 있습니다. 그럴 때는 대충 훑어본 후에 제3장 이후 내용으로 진행해도 괜찮습니다.

끝까지 읽고 난 후에 다시 한번 제2장을 읽어보면 더 쉽게 이해할 수 있을 것입니다.

AI 엔지니어와 의사소통하기 위해 '최소한으로 알아두어야 할 지식'을 이 책을 통해 익힐 수 있습니다. 이 책을 읽으면 직접 AI 프로젝트 제안서를 쓸 수 있는 인재가 될 수 있습니다.

지금까지 업무를 통해 배운 내용을 활용하여 3년 후, 5년 후, 10년 후에도 활약하기 위해서 지금부터라도 AI를 조금씩 알아가시기 바랍니다. 디지털화 흐름을 탈 수 있는 시기는 지금뿐입니다.

그렇다고 해서 잔뜩 긴장한 채로 이 책을 읽을 필요는 없습니다.

회사에서 갑자기 AI 프로젝트 제안서 제출을 요구해서 불안한 사람.

일반교양을 위해 AI와 디지털 기술 개발을 정리해두고 싶은 사람.

앞으로 이직과 부업에 겸해서 개요를 파악해두고 싶은 사람.

계기는 무엇이든 상관없습니다.

미래를 향해 한 걸음을 내디디려는 여러분에게 도움을 드릴 수 있다면 그것만으로도 영광입니다.

오니시 가나코

실천! AI 인재가 될 수 있는 책, 프로그래밍 지식이 전무해도 OK

제 **2** 장 │ AI와 기계학습에 대한 기초 지식

제 **3** 장 | **[기획력] 가설과 현장의 목소리를 형상화한다**
어디에 AI를 사용할 것인가?

제 **4** 장　[분석력] 데이터가 프로젝트의 성패를 쥐고 있다
어떤 데이터를 이용할 것인가?

제 **6** 장 | **AI를 사용해서 과제를 해결하고 싶다!** [성공 사례 14]

제 1 장

AI 프로젝트의
핵심 인물은
문과 계열 AI 인재입니다

AI를 활용할 수 있는
인재가 되자

거대한 디지털의 흐름에 올라타자

현대 사회에서는 여러분이 어떠한 업무에 종사하더라도 컴퓨터나 소프트웨어를 비롯한 IT 관련 기술을 벗어나 무관심할 수만은 없을 것입니다. 모든 것이 인터넷을 통해 이어져 있는 상태에서 'IT는 IT 관련 기업에만 맡기자'라고는 말할 수 없는 상황이 되었죠.

세간에 인터넷이 보급된 시기는 1990년대 후반이었습니다. 그로 인해 여기저기서 웹 페이지가 제작되면서 웹 페이지 제작을 책임질 '웹 디자이너'라

는 직업이 새로 생겼습니다. 지금은 누구나 알고 있는 직업이지만, 그 당시
만 하더라도 '웹 디자이너'가 탄생하리라고 예측했던 사람은 극소수에 불과
했을 것입니다.

이처럼 '웹 디자이너' 라는 직업을 예측할 수 없었듯이 앞으로 탄생할 '미
래의 직업'을 예측하기란 매우 어려운 일입니다. 기술의 진화와 함께 새로운
직업이 생겨나고, 대신에 기존의 직업이 사라져가는 방향으로 변화가 일어
나겠죠. 그런 흐름 속에서 '일한다' 라는 뜻 자체도 크게 변화할 것입니다.

2019년부터 초등학교에서 프로그래밍 교육이 의무화되기 시작했습니다.
따라서 앞으로 10년이 지나면 프로그래밍 기초를 잘 아는 인재가 활약하는
시대로 돌입할지도 모릅니다.

그렇다고 해서 초조해할 필요는 없습니다. 디지털 기술의 진화에 뒤처지
지 않기 위해 지금부터 프로그래밍을 배울 필요도 없습니다. 만약 여러분이
프로그래머로 전향할 생각이라면 프로그래밍 공부가 필요하지만, 대다수에
게는 '프로그램 제작 기술'이 필요하지 않습니다.

AI 지식은 '웬만큼' 만으로도 충분하다

당연한 이야기지만, 여러분이 프로그래머가 아니라면 프로그램을 만들 필
요는 없습니다.

IT나 AI(인공지능) 관련 기술이 점차 진화하더라도 새로운 기술을 익혀야

하는 사람은 프로그래머를 비롯한 엔지니어입니다. 따라서 여러분이 비엔지니어라면 '웬만큼만 알아두기'를 목표로 삼으면 충분합니다.

여기서 말하는 '웬만큼'이란 '자세한 부분은 알지 못하지만, 무엇이 가능한지는 아는' 상태를 말합니다. 기술적인 부분은 잘 모르더라도 '어떠한 의미가 있는 기술인지'를 알고 있으면 됩니다. 이 정도만 알면 자세한 부분은 알지 못할지라도 비즈니스 흐름에 뒤처지는 일은 없을 것입니다.

'이것도 알고, 저것도 알아두어야 한다' 라고 생각하면 당연히 괴롭지만, '웬만큼만 알면 된다' 라고 생각하면 마음이 한결 가벼워질 것입니다.

예를 들어 소스 코드를 만들지 못하면 웹 디자이너가 될 수 없습니다. 하지만 그런 일은 웹 디자이너에게 맡기고, 온라인 쇼핑몰을 원하는 방식으로 구성하고 직접 운영하는 것은 충분히 가능합니다.

온라인 쇼핑몰에서 중요한 점은 소스 코드를 만들 수 있느냐가 아니라 어떤 상품이 팔릴지, 어떻게 하면 고객을 모을 수 있을지를 파악하는 것입니다. 이러한 '비즈니스의 핵심'만 파악하고 있으면 웹 사이트를 직접 제작할 수 없더라도 괜찮습니다.

이 책은 '비즈니스의 핵심'을 파악하고 있는 비엔지니어를 돕기 위한 책입니다. '이것도 알고, 저것도 알아두어야 한다!' 라는 생각에서 벗어나 '웬만큼'만 지식을 익히면 여러분이 앞으로 활약할 수 있는 분야는 순식간에 늘어날 것입니다.

AI는 현대 직장인의 필수 기술이다

예전과 달리 현재 업무처리 방식과 업무 형태는 AI의 진화로 인해 다양한 변화를 겪어 왔습니다. 이것은 앞으로 더 진화될 것이며, 회사의 규모나 업종과 상관없이 '디지털 기술'은 빼놓을 수 없게 될 것입니다.

최근에는 'DX(DT, Digital Transformation, 디지털 전환)' 라는 단어도 자주 들을 수 있습니다.

DX라는 단어는 '최신 디지털 기술을 구사하여 디지털화 시대에 대응하기 위한 기업의 급격한 변화' 라는 의미로 사용되고 있습니다. 그리고 DX를 추진하려면 디지털 기술을 사용하기 위한 기반과 체제 그리고 인재가 필요하게 됩니다.

현재 시점에서 '디지털 기술'이라고 하면 수많은 IT 관련 기술이 존재하지만, 그중에서도 가장 잠재 능력이 있고 큰 기대를 걸고 있는 기술이 AI라고 할 수 있습니다.

AI는 디지털 기술의 핵심 부분입니다.

서구권은 물론 일본이나 중국에서는 AI를 탑재한 소프트웨어나 시스템을 개발하는 AI 엔지니어가 급증하고 있습니다. 한국에서도 'AI 엔지니어(AI 분야를 전문으로 하는 엔지니어)' 라고 불리는 사람이 늘어나고 있죠. 특히 직접 프로그램을 만들지 않더라도 마우스 조작만으로 AI를 구축할 수 있는 툴도 다양하게 제공되고 있어, AI 엔지니어의 기술적인 진입 장벽도 점점 낮아지고 있는 상태입니다.

아직은 인재가 많이 부족하지만, 앞으로는 대부분의 IT 엔지니어가 AI 엔지니어로 넘어올 것으로 예상되고 있습니다.

그렇지만 AI 사업을 기획하고 추진할 수 있는 '문과 계열 AI 인재'는 압도적으로 부족한 상태입니다.

여기서 말하는 '문과 계열 AI 인재'란 프로그램을 만드는 IT 전문 엔지니어가 아닌 비엔지니어이자 AI 프로젝트를 추진하는 역할을 맡은 사람을 가리킵니다.

이 책에서는 AI 프로젝트의 기획 담당자나 프로젝트 관리자 역할을 맡고 있는 인재도 포함하여 '문과 계열 AI 인재' 라고 칭하도록 하겠습니다.

최강의 문과 계열 AI 인재로 가기 위한 필수 요건

AI 프로젝트의 성패는 문과 계열 AI 인재와 전문 AI 엔지니어 사이의 관계성에 따라 결정된다고 해도 과언이 아닙니다. 두 집단의 의사소통 상태가 항상 양호하고, 무엇이든 마음 편히 상담할 수 있는 관계라면 프로젝트가 성공할 확률이 높아집니다. 하지만 서로 제대로 마주하지 않는 관계일 때는 (능력이 아무리 좋아도) 실패할 가능성이 큽니다.

어떤 내용의 프로젝트이든 이 관계성은 매우 중요합니다.

만약 AI 엔지니어가 최신 기술을 사용해서 AI를 탑재한 새 시스템을 개발하였더라도, 그것이 이익으로 이어지지 않는다면 비즈니스가 성립될 수 없습니다. 비즈니스가 성립되지 않으면 AI 엔지니어가 개발하기 위한 자금도 만들어질 수 없게 되고, 자금이 충만하지 못하면 완성도가 높은 AI 시스템은 만들 수 없게 됩니다.

이러한 이상과 현실의 간극을 메우는 것이 문과 계열 AI 인재의 역할입니다.

문과 계열 AI 인재란 '어떤 상품과 서비스가 잘 팔릴지', '어떻게 하면 가치가 있는 상품과 서비스를 만들 수 있을지'를 파악하고 있는 사람입니다. 그리고 그것을 실현하기 위한 시스템 설계를 AI 엔지니어와 상담할 수 있는 사람입니다.

즉, 문과 계열 AI 인재는 AI 프로젝트를 성공시키기 위해 꼭 필요한 핵심 인물인 셈입니다.

여러분이 지금까지 IT나 AI와 관련 없는 직장에서 일했더라도 문제는 없습니다. 각각의 현장에서 쌓아온 비즈니스 기술에 이 책에서 소개할 AI의 지식과 기술을 더해주면 최강의 문과 계열 AI 인재가 될 수 있습니다.

AI 프로젝트 계획을 제시하거나 프로젝트를 관리할 수 있는 인재가 되면 지금의 회사에서 확실한 위치를 구축할 수 있으며, '성공은 보장되어 있다'라고 해도 과언이 아닐 것입니다.

(서로의 발상이 다르니, '서로 맞춰 나가려는 노력'이 필요하다)

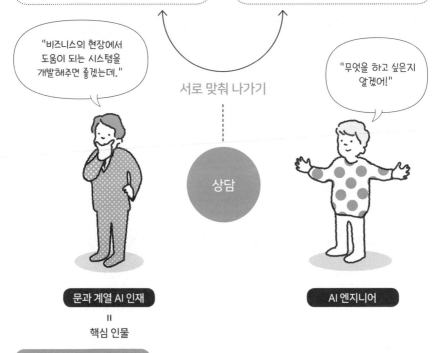

—— 문과 계열 AI 인재의 발상 ——

- 상품과 서비스의 타깃은 누구인가?
- 비즈니스의 어느 부분에 AI를 도입할 것인가?
- 비즈니스 성공에 필요한 AI의 정확도는?
- 개발 비용의 상한선은 얼마인가?

—— AI 엔지니어의 발상 ——

- 어떤 시스템을 설계할 것인가?
- 구체적으로 어떤 AI를 개발할 것인가?
- 기술적으로 어디까지 AI의 정확도를 높일 수 있는가?
- 개발 기간은 어느 정도 필요한가?

"비즈니스의 현장에서 도움이 되는 시스템을 개발해주면 좋겠는데."

"무엇을 하고 싶은지 알겠어!"

서로 맞춰 나가기

상담

문과 계열 AI 인재
=
핵심 인물

AI 엔지니어

문과 계열 AI 인재의 역할

- 자사의 강점을 파악하여 비즈니스 전략을 세운다.
- 긴밀한 의사소통을 취하면서 팀을 이끌어 간다.

도대체
AI란 무엇일까?

광의적인 AI와 협의적인 AI

그렇다면 문과 계열 AI 인재가 핵심 인물로 활약하려면 어떻게 하면 좋을 까요?

실무적인 노하우는 나중에 다시 설명하기로 하고, 여기에서는 AI의 '모호 한 부분'을 해결하는 것부터 시작해봅시다.

'AI는 어렵다' 라고 느끼는 이유는 단어의 '모호함' 때문입니다.

예를 들어 'AI가 인간의 일을 빼앗는다' 라는 표현을 들으면, 마치 'AI가 인격을 갖춘 로봇과 같은 존재'라고 느끼기 쉽습니다. '인공지능이 폭주하여 인간을 지배한다'라는 표현도 마찬가지입니다. 위기감을 조성하기 위해 일부러 의인화하고 있을 뿐입니다.

　혹시 '싱귤래리티(Singularity)'라는 말을 들어본 적이 있나요?
　미국의 발명가인 레이 커즈와일 씨가 만들어낸 개념으로, 인공지능이 가져올 미래를 상징하는 용어입니다. 구체적으로는 'AI의 지성이 지구상의 전 인류의 지성을 초월하는 시점'을 의미합니다. 커즈와일 씨는 자신의 의식을 가지고 있으며 종합적인 판단이 가능하도록 프로그램된 AI를 '강한 AI'라고 부르며, '이러한 AI의 등장은 새로운 생물의 출현에 필적할 정도로 중요'하다고 평가하고 있습니다. 그리고 싱귤래리티의 도래를 2045년으로 예측하고 있죠.
　가까운 미래를 그린 영화 〈터미네이터〉에서 묘사했듯이 기계(AI)가 인간을 지배하는 세계가 찾아올 가능성은 부정할 수 없습니다.
　이와 관련해 다양한 의논이 펼쳐지고 있지만, 이 책에서는 '광의의 AI'를 제외하고 생각했습니다.
　그에 반해 '협의의 AI'란 일정한 업무를 수행하는 데 특화된 AI를 말합니다. 즉, '협의의 AI'란 우리의 직장에서 지금 대처하고 있는 업무의 절차를 개선하거나 새로운 비즈니스를 도와주는 AI를 말합니다.

(광의적 AI와 협의적 AI는 어떻게 다른가?)

광의적 AI
- 자신의 의사를 갖고 있다.
- 종합적인 판단이 가능하다.

협의적 AI
- 특정 업무를 수행한다.
- 정해진 일밖에 하지 못 한다.

AI의 진화 과정을 4가지로 구분하면 핵심을 알 수 있다

'AI'라는 단어를 모호하게 하는 또 하나의 요인으로, 진화 과정이 뒤섞이면서 혼란이 생겼다는 점을 꼽을 수 있습니다.

1956년에 시작되었다고 알려진 'AI'에 관한 개념은 몇 차례의 정체기를 겪으면서 조금씩 변화해왔습니다. 현 시점을 기준으로 일반적으로 생각하는 'AI'라는 뜻은 과거의 기술과 새로운 기술이 뒤섞여 있는 상태입니다.

과거의 기술로 사용할 수 있는 AI와 최첨단 기술을 구사하는 AI를 모두 'AI'

라고 부른다는 점이 그 단어를 더욱더 이해하기 힘들게 만들고 있습니다.

도쿄대학교 마쓰오 유타카 교수의 저서에 따르면 세상에서 말하는 AI는 다음과 같은 4단계로 나눌 수 있습니다.

1단계 : 단순한 제어 프로그램을 '인공지능'이라 부르고 있다.

2단계 : 고전적인 인공지능

3단계 : 기계학습을 도입한 인공지능

4단계 : 딥러닝을 도입한 인공지능

('AI'라고 불리는 것에는 4단계가 있다)

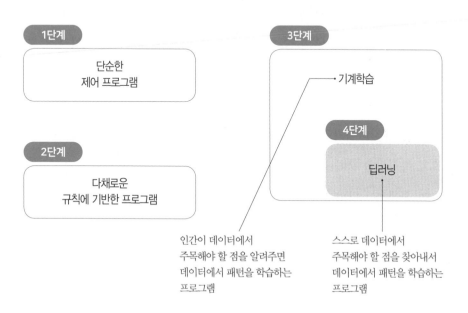

1단계
단순한
제어 프로그램

2단계
다채로운
규칙에 기반한 프로그램

3단계
기계학습

4단계
딥러닝

인간이 데이터에서
주목해야 할 점을 알려주면
데이터에서 패턴을 학습하는
프로그램

스스로 데이터에서
주목해야 할 점을 찾아내서
데이터에서 패턴을 학습하는
프로그램

1단계는 예전부터 있었던 제어 공학이나 시스템 공학에 기초를 둔 기술입니다. 예를 들어 가전제품 제조사가 마이크로 컴퓨터로 제어하는 에어컨이나 세탁기 등을 홍보하기 위해 'AI' 가전제품이라고 부르는 경우가 이에 해당합니다.

2단계는 대응 패턴이 매우 다채로운 '규칙 기반 프로그램'을 가리킵니다. 입력과 출력의 관계에 일정한 규칙이 존재하지만, 조합의 수가 매우 많아 다채로운 대응을 해주는 것처럼 보이는 AI를 말하는 것으로, 고전적인 장기 게임이나 청소 로봇 등이 이 단계에 해당합니다.

3단계는 기계학습을 수행하는 AI입니다. 기계학습이란 수많은 데이터를 토대로 일정 패턴을 학습하여 적절한 답을 찾아주기 위한 방법입니다. 구체적으로는 빅데이터 분석이나 검색 엔진 등에 이용되는 기술을 가리킵니다.

4단계는 딥러닝(심층학습)입니다. 딥러닝도 기계학습의 한 방법이지만, 특징량(데이터의 어느 부분을 참고해서 패턴을 찾아내면 좋을지 가리키는 지표)을 직접 찾아낼 수 있다는 점에 차이가 있습니다. 3단계의 기계학습에서는 특징량을 사람인 AI 엔지니어가 조정해야 하지만, 4단계의 딥러닝에서는 컴퓨터가 자동으로 특징량을 찾아내 줍니다.

이 책에서는 바로 3단계와 4단계를 다룹니다.

4단계의 딥러닝도 넓은 의미에서는 기계학습의 한 방법에 해당하므로, 'AI=기계학습'이라고도 볼 수 있습니다.

그럼에 따라 AI 라는 단어의 모호함을 피하기 위해, 이 책에서 다룰 'AI의 정의'를 말하겠습니다.

우선 강한 AI와 약한 AI 중에서는 '약한 AI(일정한 업무를 수행하는 것에 특화된 AI)'를 대상으로 삼기로 했습니다. 그리고 혼동하기 쉬운 AI의 단계는 'AI=기계학습(딥러닝 포함)'으로 정의했습니다.

또한 IoT(Internet of Things, 사물 인터넷)나 VR(Virtual Reality, 가상현실), 5G(5세대 이동통신) 등 기타 최신 디지털 기술도 하나로 묶어 'AI' 라고 부르기도 하지만, 이 책에서는 이들과도 확실히 구별하여 설명하고자 합니다.

AI 시스템의 기본 원리도 입력 데이터를 처리하여 출력하는 것이다

앞선 내용을 통해 그동안 답답했던 부분이 조금씩 이해되기 시작했을 것입니다. 그렇다면 한 걸음 더 나아가서 'AI 시스템이란 무엇인지' 생각해 봅시다. 하지만 어렵게 생각할 필요는 없습니다.

다음 페이지의 그림처럼 'AI 시스템'은 크게 '입력', '처리', '출력'이라는 세 부분으로 나눠서 생각할 수 있습니다.

'입력' 부분에는 '원본 데이터'가 이에 해당됩니다. AI로 처리하기 전 데이터죠. '출력' 부분에는 '처리 후 데이터'가 이에 해당됩니다. 그리고 '처리' 부분에는 AI의 '학습모델'이 이에 해당됩니다.

학습모델이란 기계학습을 통해 만들어진 '파라미터를 갖춘 프로그램'을 가리키는 용어입니다. 실체는 컴퓨터상의 프로그램으로 성능과 정확도는 각기 다르기 때문에, '입력된 데이터를 처리하기 위한 프로그램'이라고도 바꿔 말할 수 있습니다.

대부분의 일반적인 규칙 기반 프로그램(규칙에 기반하여 조성된 프로그램)도 '입력→처리→출력'이라는 기본적인 흐름은 똑같습니다. 처리와 관련된 부분에 기계학습의 기술이 사용되는 것만 'AI 시스템'이라고 부르는 것이라고 생각하면 됩니다.

(**AI 시스템의 구조는 다른 일반적인 프로그램과 같다**)

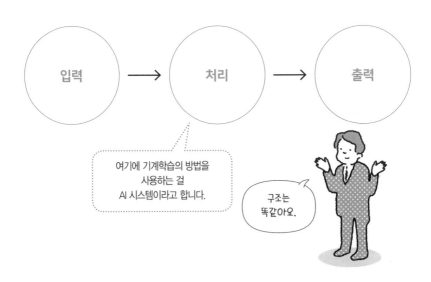

입력 ⟶ 처리 ⟶ 출력

여기에 기계학습의 방법을
사용하는 걸
AI 시스템이라고 합니다.

구조는
똑같아요.

AI 프로젝트의
3가지 함정

디지털 기술은 날로 눈부시게 발전하고 있지만, 사실 AI를 제대로 활용 중인 상품과 서비스는 극소수에 불과합니다. 그 이유는 무엇일까요? 그것은 AI의 함정에 빠졌기 때문입니다.

프로젝트가 100% 성공하는 비결은 없지만, 실패를 야기하는 공통 이유는 몇 가지 존재합니다.

여기에서는 3가지 항목을 통해 살펴보도록 하겠습니다.

프로젝트의 목표가 모호한 상태로 시작하는 경우

AI 프로젝트를 시작할 때는 우선 '왜 AI를 사용하려 하는가?' 라고 자신에게 질문을 던져 보십시오.

다음의 항목 중에 여러분이 생각하는 대답이 있나요?

① 상사로부터 '무엇이든 생각해 보라' 라는 지시를 받았기 때문에

② 새로운 무언가를 할 수 있을 것 같은 기분이 들었기 때문에

③ 경쟁 회사가 AI를 사용하고 있기 때문에

④ AI를 사용하지 않으면 시대에 뒤처질 수 있기 때문에

어떤가요? 이 중에 해당하는 항목이 있나요?

대답이 ①, ② 중에 있다면 안심하십시오.

아직 아무것도 결정하지 않은 상태에서 시작했다면 기획을 충분히 검토해 나가는 단계에서 AI를 사용하는 이유를 명확히 해서 목표를 설정하면 되기 때문입니다. 계기가 무엇이든 간에 'AI로 무엇을 할 수 있는지'를 생각하는 것이 중요합니다.

만약 여러분의 대답이 ③, ④ 중에 있다면 조금 주의할 필요가 있습니다. 그 이유는 무작정 고성능 AI나 선진적인 AI의 개발이 목표가 될 위험성이 있기 때문입니다.

명심해야 할 것은 안타깝게도 아무리 훌륭한 AI 시스템을 완성하더라도 이익으로 이어지지 않으면 그 프로젝트는 실패하고 맙니다.

반면에 흔해 빠진 AI 시스템이라도 큰 이익으로 이어진다면 그 프로젝트는 성공할 수 있죠.

여기에서 말하는 이익이란 상품과 서비스를 판매하여 새로운 수입을 얻어내는 것만이 아닙니다. 수입이 아니더라도 걸림돌이 되는 과제(비용이나 수고가 과도하게 많이 드는 부분)를 해결하여 효율을 높여주면 기업에 큰 이익을 가져다줄 수 있습니다.

즉, 여러분이 직장의 대표로 프로젝트에 참가한다면 '지금보다 더 많이 버는 것(이익 추구)' 또는 '지금보다 더 효율 좋은 방법을 선택하는 것(업무 개선)'이 AI 프로젝트의 목표가 돼야 합니다. 당연히 대부분 기업에서 비즈니스의 목표는 이 중 하나이니 특별하게 생각해야 할 부분은 아닙니다.

그런데 ③ 경쟁 회사가 AI를 사용하고 있기 때문에', '④ AI를 사용하지 않으면 시대에 뒤처질 수 있기 때문에' 라는 등의 이유로 AI 프로젝트를 시작하면 앞에서 말한 이윤 추구나 효율화가 목적이 아닌 단지 'AI를 사용하는 것'만이 목표가 되는 경우가 있습니다.

물론 장기적으로 봤을 때는 실패의 경험이 다음에 성공을 가져다줄 가능성이 있다는 점은 부정할 수 없습니다.

하지만 가능하다면 처음부터 성공하는 편이 좋겠죠.

AI에 대한 수요는 날로 높아지고 있지만, 아직도 기업마다 차이가 많이 나는 것도 사실입니다. 경영진이 'AI 같은 건 절대 안 돼' 라는 낙인을 찍지 않게 하기 위해서라도 일단 사소한 성공이라도 목표로 삼아야 합니다.

사소한 성공을 실현한다면 다음 프로젝트로 이어지는 길이 보이기 시작할 것입니다.

AI 구축은 초기 과정에서는 비용이 너무 많이 든다는 점도 무시할 수 없습니다. 그렇지만 AI가 구축되고 관련 업그레이드가 지속적으로 진행되면 몇 년이 지난 후에는 낮은 비용으로 실현할 가능성도 있으니 '이 프로젝트에 모든 것을 걸겠다' 라고 생각하기보다는 '실현 가능한 시기를 기다릴 줄도 알아야' 합니다. AI 프로젝트의 목표 설정과 기획 안건 절차는 제3장에서 자세히 설명하도록 하겠습니다.

함정 ❷
AI 프로젝트는 데이터가 생명이다

앞서 언급했듯이 AI 시스템은 데이터의 '입력→처리→출력'이라는 순환 과정으로 진행됩니다.

기계학습에서는 컴퓨터에 많은 데이터를 입력하여 학습모델을 만듭니다. 이러한 경우의 학습모델은 기계학습을 통해 만들어진 '파라미터를 갖춘 프로그램'을 의미했습니다.

이 말은 '입력값을 받아서 어떠한 평가와 판정을 내린 후 출력값을 내놓는 것'이라고 바꿔 말할 수 있는 것으로, AI 시스템의 '두뇌와 같은 존재' 라고 기억해 두시면 됩니다.

이때 두뇌의 성능은 입력하는 데이터의 '질'과 '양'에 따라 좌우됩니다. AI 프로젝트는 '데이터가 생명'이라고 말하는 이유가 바로 이 때문입니다.

가장 빠른 컴퓨터와 최신 프로그램을 준비하더라도 데이터의 '질'이 떨어지면 좋은 결과는 얻을 수 없습니다. 하지만 데이터의 '질'이 좋으면 정확도 높은 학습모델이 완성됩니다. 학습모델의 완성도가 높으면 기대했던 출력 결과를 얻을 수 있습니다.

또 AI에 입력하는 데이터는 '양'도 중요합니다. 질 좋은 데이터라면 데이터 양이 많을수록 AI의 정확도가 높아질 확률이 커집니다.

기계학습에서는 수많은 알고리즘(문제를 해결하는 절차와 방법)이 이용됩니다. 이 알고리즘에 따라 필요한 데이터양은 다르겠지만 몇만 개, 몇십만 개의 데이터가 요구되는 경우도 드물지 않습니다.

여러분의 회사에 AI 개발을 위해 곧바로 사용할 수 있는 정확도 높은 빅데이터가 준비되어 있다면 이야기가 달라지겠지만, 그렇게 운이 좋은 경우는 매우 드뭅니다.

대체로 다음 항목 중 어느 하나에 해당하는 경우가 많죠.

- 데이터는 많지만 질이 떨어진다.

- 데이터의 질은 높지만 양이 부족하다.

- 사용 가능한 데이터가 존재하지 않는다.

프로젝트의 내용에 따라서는 데이터양이 수천 개만으로도 성립되는 경우가 있습니다. 또 수중에 제대로 된 데이터가 없더라도 빅데이터에서 필요한 데이터를 추출하는 프로그램을 엔지니어에게 부탁하기만 해도 순식간에 문제가 해결되는 경우도 있죠. 그러나 대부분의 프로젝트에는 엄청난 양의 질 좋은 데이터가 필요합니다.

데이터 준비는 문과 계열 AI 인재가 솔선해서 진행해야 할 중요한 업무입니다. 질과 양이 모두 적정한 데이터를 준비할 수 있다면 프로젝트의 절반은 성공한 것이나 다름없습니다. 그러므로 데이터 준비 단계부터 AI 엔지니어와 토론하면서 조정해야 합니다.

데이터 준비에는 예상보다 비용이 많이 듭니다. 그렇기 때문에 데이터를 준비하는 단계에서 '예산을 모두 써버리는 일'이 발생하지 않도록 처음부터 비용을 철저히 대처해두어야 합니다.

데이터 준비 관련 노하우는 제4장에서 소개하도록 하겠습니다.

`함정 ❸`
PoC의 무한 반복만 할 뿐 본격 도입까지 진행되지 않는다

'PoC死' 라는 단어를 들어본 적 있나요?

PoC란 'Proof of Concept(개념 검증)'의 약칭으로, 시장에 신기술을 도입하기 전에 시험판을 만들어서 임시로 운용하면서 성능을 검증해보는 단계를 가리키는 단어입니다. 이때 PoC가 잘 진행되지 않아 본격 도입에 돌입하기 전에 프로젝트가 종료되는 상태를 'PoC사(PoC死)' 라고 합니다.

안타깝게도 AI 프로젝트에서 PoC死는 드문 일이 아닙니다.

그러면 어째서 도중에 종료되는 일이 발생하는 것일까요? 원인은 몇 가지가 있습니다.

- AI의 능력을 과신했다.
- 100%에 가까운 정확도를 원했다.
- 전원에게 목표를 공유하지 않았다.
- 개발 비용이 늘어났다.

이 밖에도 실패의 원인은 다양하게 있을 수 있으며, 원인이 하나가 아닌 경우도 존재합니다. 여기에서는 한 예로 'PoC死'를 언급했지만, PoC가 성공하더라도 본격 도입에 도달하지 못하는 경우도 있습니다.

이런 실패 사례만 들으면 '어쩐지 어려울 거 같다' 라고 느끼기 쉽지만 필요 이상으로 걱정할 필요는 없습니다.

AI 프로젝트를 관리하는 사람은 문과 계열 AI 인재인 여러분이지만, 절대 혼자서 배를 움직여야 할 필요는 없기 때문입니다.

올림픽 종목이기도 한 '에이트' 라는 조정 경기를 알고 있나요?

에이트에서는 8명이 노를 젓습니다. 노를 젓는 '크루'는 8명이 있고, 보트 선두에는 역방향으로 앉아 있는 1명의 선수가 있는데 그 선수를 '콕스' 라고 부릅니다.

콕스는 8명의 크루에게 확성기로 경주 상황을 전달해 줍니다. 반대 방향을 향하고 있는 이유도 그 때문이죠. 그리고 승부처에서 소리를 높여 크루의 사기를 높여줍니다.

'콕스의 실력으로 승패가 결정된다' 라고 말할 정도로 중요한 역할이지만, 콕스는 노를 전혀 젓지 않습니다.

문과 계열 AI 인재의 역할은 에이트의 콕스와 같은 존재라고 볼 수 있습니다. 프로그램은 만들 수 없지만, 크루(AI 엔지니어를 비롯한 팀원)에게 소리를 높여 마지막까지 보트가 결승점까지 갈 수 있도록 책임져야 합니다. 책임은 막중하지만, 보람 있는 위치임에는 틀림이 없습니다.

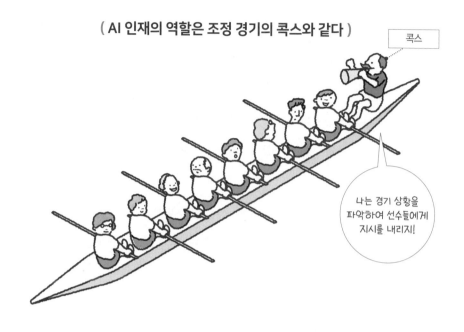

(AI 인재의 역할은 조정 경기의 콕스와 같다)

콕스

나는 경기 상황을 파악하여 선수들에게 지시를 내리지!

문과 계열 AI 인재에게 필요한 3가지 능력

앞선 내용까지 읽고 '역시 어려울 거 같아', '나한테는 무리야' 라는 생각이 들었을 수도 있습니다.

하지만 안심하셔도 됩니다. 그 정도로 어려운 이야기가 아니라는 사실을 조금 더 읽다보면 쉽게 알 수 있을 것이기 때문이죠.

총무, 회계, 영업 등 여러분에게 이미 익숙한 본인의 전문 분야 기술에 3가지 능력만 더해주면 문과 계열 AI 인재로 왕성하게 활약할 수 있습니다.

이 책에서 소개할 3가지 능력은 바로 '기획력', '분석력', '추진력'입니다.

첫 번째 '기획력'이란 AI를 사용할 부분을 발견하는 능력입니다. 이것은 여러분의 비즈니스 분야에서 AI를 어떻게 사용하면 좋을지 예측하는 능력을 말합니다. 이 내용은 제3장에서 소개하도록 하겠습니다.

이어서 '분석력'은 AI 프로젝트에 필요한 데이터를 준비하는 능력입니다. AI에 입력할 데이터의 양과 질을 파악하면서 적절한 준비를 진행하는 능력으로, 이 내용은 제4장에서 설명하도록 하겠습니다.

마지막으로 '추진력'은 AI 프로젝트를 관리하는 능력입니다. PDCA 과정(Plan → Do → Check → Action)을 진행하면서 목표 달성을 위해 프로젝트를 추진하는 능력을 말하는 것으로, 이 내용은 제5장에서 설명하도록 하겠습니다.

자신이 속한 회사의 비즈니스를 잘 파악하고 있는 상태에서 이러한 3가지 능력까지 익히면 AI를 활용하기 위한 제안서를 거침없이 쓸 수 있는 인재가 될 수 있습니다. 그리고 (자사 또는 외부 협력사의) AI 엔지니어나 직원과 협력하면서 프로젝트를 추진하는 리더로 활약할 수 있습니다.

조금 더 구체적으로 말하자면 다음과 같은 행동을 취할 수 있습니다.

- AI로 무엇이 가능한지 예측한다.

- AI에 필요한 데이터의 질과 양을 예측한다.

- 프로젝트에 필요한 인재를 선정한다.

- 개발 및 운용 비용을 추산한다.

- AI 엔지니어와 구체적인 내용을 상담한다.

- 실패로 이어질 위험을 회피한다.

- 쓸데없는 공정을 생략하는 방법을 발견한다.

다시 한 번 말하지만 꼭 새로운 것으로만 대처할 필요는 없습니다. 여러분이 지금까지 쌓아온 경험에 약간만 추가해주면 가능합니다.

그러니 이 기회에 꼭 도전해 보기 바랍니다.

(문과 계열 AI 인재에게 필요한 3가지 능력과 7가지 행동)

데이터를 요약하는
분석력

아이디어를 제시하는
기획력

프로젝트를 관리하는
추진력

─── +7가지 행동 ───
❶ 무엇이 가능한지를 예측한다.
❷ 데이터의 질과 양을 예측한다.
❸ 인재를 선정한다.
❹ 비용을 추산한다.
❺ 엔지니어와 상담한다.
❻ 위험을 회피한다.
❼ 쓸데없는 공정을 생략한다.

문과 계열 AI 인재가 해야 할 일

● 기획을 세워서 필요한 데이터를 준비한다.
● AI 엔지니어와 의사소통을 취한다.
● 프로젝트를 관리하여 원활하게 진행시킨다.

AI는 평소 생활 속
어디에 사용되고 있을까?

AI로 무엇을 할 수 있을까?

지금까지 AI 프로젝트와 문과 계열 AI 인재간의 상관 관계에 대해 설명했습니다. 여기까지 잘 따라 오셨으면 AI 프로젝트에서 필요한 문과 계열 AI 인재의 위치나 역할을 어느 정도 이해했을 것입니다. 그러면 이쯤에서 실제로 AI가 우리의 일상생활 속에서 어떻게 사용되고 있는지를 확인해 봅시다.

AI를 사용하고 있는 곳은 아주 많으며, 가까운 미래에는 대부분의 업종과 업태에서 활용될 것으로 예측되고 있는 상태입니다.

초보자들은 '왠지 이런 데 사용되고 있을 거 같다' 라고 어느 정도 예측은 할 수 있지만, '정확히 어느 부분에 AI가 사용되는지'를 지적하기란 예상외로 어렵습니다. 이 책에서는 현재 활용하고 있는 'AI 기술'을 12종류로 분류했는데(제3장 135페이지) 그중에서 다음과 같은 3가지 기술을 소개하고자 합니다.

(화상 인식)

- 마스크 착용 시의 안면 인식 시스템

- 영업직의 표정 훈련 애플리케이션

- 상품의 형태나 수량을 인식하여 결제 금액을 표시하는 회계 시스템

- 기계의 부품 불량을 검출하는 시스템 등

(음성 인식)

- 스마트폰의 음성 인식 서비스

- 스마트 스피커의 기능

- 사람의 대화를 문자로 작성해주는 서비스

- 음성에서 감정을 읽어내는 서비스 등

(미래 예측)

- 어느 상점의 일일 고객 수를 예측

- 부동산의 가치를 예측

- 채소의 수확 시기 상황을 예측
- 미래의 재고량을 예측 등

지금부터 순서대로 내용을 확인해보도록 하겠습니다. 공부하면서 AI를 활용하는 부분에 관해 심도 있게 이해해보기 바랍니다.

AI의 특기 분야 중 하나인 '화상 인식'

'화상 인식'이란 이미지 안의 피사체가 무엇인지 파악하여 컴퓨터로 인식해주는 기술입니다. 한 마디로 말해서 사람의 눈을 대신해주는 이러한 화상 인식 기술은 현재 실생활에 급속히 퍼지고 있는 상태입니다.

주변에서 예시를 꼽자면 '안면 인식 시스템'이 이 기술을 사용합니다. 사무실을 드나들 때 안면 인식 시스템을 채용하면 열쇠를 사용하거나 암호를 설정하는 수고를 덜 수 있을 뿐만 아니라 보안 대책에도 효과적입니다.

한발 더 나아가서 신종 코로나 바이러스 감염증 등으로 마스크를 착용한 상태에서도 안면 인식을 할 수 있는 시스템이 주목을 받고 있습니다.

NEC 솔루션 이노베이터에서는 마스크를 착용한 상태에서도 고정확도로 안면을 인식할 수 있는 시스템인 'NeoFace KAOATO'*를 개발하여 판매하고 있습니다.

---

* NeoFace KAOATO: https://www.nec-solutioninnovators.co.jp/sl/kaoato/index.html

이 시스템은 사전에 등록해 둔 개인의 안면 화상을 통해 AI가 마스크 착용 유무를 판단하는데, 상황에 따라 2가지 방식으로 나누어 얼굴을 대조하는 방법을 선택합니다. 마스크가 없을 때는 얼굴 전체를 등록해 둔 화상과 비교하여 '일반 안면 인식'을 실행하고, 마스크가 있을 때는 마스크로 뒤덮이지 않은 눈 주변에 중점을 둔 '마스크 대응 안면 인식'을 실행합니다.

이러한 안면 인식 시스템을 통해 마스크 착용 시에도 높은 정확도로 본인 확인을 진행할 수 있습니다.

(마스크의 유무를 AI로 판정하는 흐름)

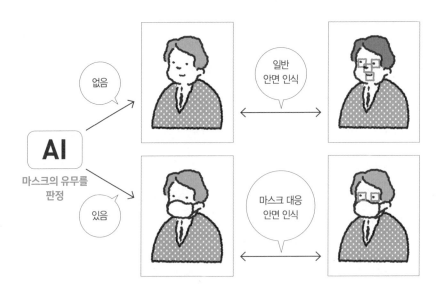

스마트폰으로 익숙해진 '음성 인식'

'음성 인식'이란 사람의 음성을 컴퓨터에 자동으로 인식시키는 기술을 말합니다.

주변에서 쉽게 찾아볼 수 있는 음성 인식 서비스로는 Android(안드로이드) 단말기에서 사용할 수 있는 Google(구글) 어시스턴트나, iPhone(아이폰)이나 iPad(아이패드)에 내장된 Siri(시리)가 있습니다.

스마트폰이나 태블릿에 'Hey Siri(헤이, 시리!. 한국에서는 '시리야!'), 'OK Google (오케이, 구글)'이라고 말만 걸어도, 음성을 잡아내 메시지 내용에 맞게 대응해 주는 우리에게 친숙한 서비스 중 하나입니다.

키워드 검색을 비롯해 알람, 타이머, 리마인더 설정, 경로 확인, 캘린더에서 일정을 확인하는 등 목소리만으로 다양한 디바이스를 조작할 수 있습니다. 전화를 걸거나 음악도 켤 수 있어서 익숙해지면 아주 편리한 시스템 중 하나라고 할 수 있습니다.

음성 인식 시스템에서는 AI가 음성을 곧바로 인식하여 가장 적절한 문자로 변환합니다. 그 후에 컴퓨터는 문자 내용에 맞게 다양한 동작을 실행합니다. 즉, 음성 인식 시스템에서 AI가 활용되는 부분은 '음성→문자' 변환입니다.

음성 데이터를 텍스트 데이터로 변환할 때까지의 흐름을 간단히 설명하겠습니다.

우선 음성 데이터를 받으면 잡음을 제거하고 정리하여 주파수와 소리의 강약에 관한 데이터를 수집합니다. 그 후, 음소(음성의 최소 단위)로 분해하여 그 음소를 단어로 변환하는 작업이 이루어집니다. 마지막으로 단어의 나열이 문장으로 적절하도록 정렬해가며 조정합니다.

복잡하게 생각할 필요없이 여기에서는 그냥 음성 데이터를 텍스트 데이터로 변환할 때까지 수많은 공정이 필요하다는 점만 알아 두시기 바랍니다.

이러한 음성 인식 시스템 기술은 '스마트 스피커'라는 시스템에도 활용되고 있습니다. 스마트 스피커란 인터넷에 접속한 사람의 음성을 인식하여 AI가 일상생활을 도와주는 스피커의 총칭을 말합니다.

Google 어시스턴트에 대응한 Google Home(구글 홈), Siri를 사용할 수 있는 HomePod(홈팟), Amazon(아마존)의 Alexa(알렉사)를 탑재한 Amazon Echo(아마존 에코) 등이 유명합니다.

이 밖에도 AI를 통한 음성 인식 기술은 수많은 서비스의 '챗봇'에 이용되고 있습니다. 챗봇이란 '채팅(인터넷상의 대화)'과 '로봇(자동화된 시스템)'을 조합한 신조어입니다. 어느 정도까지 대화가 가능한 Google 어시스턴트나 Siri도 챗봇의 일종이라고 볼 수 있습니다.

참고로 우리 인간의 언어와 컴퓨터를 이어주는 기술은 자연 언어 처리

(Natural Language Processing, 약칭: NLP) 라고 합니다.

자연 언어 처리의 기술은 매우 폭이 넓어, 각 분야에서 새로운 기술이 계속해서 탄생하면서 끊임없이 진화하고 있습니다. 그 진화를 뒷받침해주는 기술이 AI이지만, 자연 언어 처리의 전반에 AI가 사용되지는 않습니다.

이 내용은 조금 복잡하니 여기서는 생략하겠지만, 사람과 컴퓨터가 대화하기 위해 수많은 기술이 복합적으로 사용된다는 점만은 알아 두시기 바랍니다.

AI의 '미래 예측'으로 무엇이 가능할까?

넓게 말하면 음성 인식도 화상 인식도 패턴 인식의 그룹에 속하는 기술입니다. 패턴 인식이란 다채로운 정보가 포함된 데이터에서 일정한 규칙이나 의미가 있는 대상을 추출해내는 처리를 말합니다. 그러한 의미에서 세 번째 항목의 '미래 예측'은 조금 다릅니다.

여기에서 소개할 '미래 예측'은 AI를 사용하여 미래에 일어날 일이나 수치를 예측하는 기술을 말합니다.

실생활에서 예측 가능한 일이나 수치는 다양하게 활용됩니다.

예를 들어 어느 상품의 수요(고객의 수)를 정확하게 예측할 수 있다면 상점에 비치할 상품의 개수나 직원의 수를 능숙하게 조절할 수 있으므로 쓸데없는 비용을 최소한으로 억제할 수 있습니다.

지금까지는 베테랑 직원의 감에 의지해서 고객의 수를 예측했습니다. 매입 베테랑이라면 과거의 경험을 통해 '오늘 이 정도는 팔리겠지' 라고 예측할 수 있기 때문입니다. 하지만 안타깝게도 이러한 감에는 기복이 있습니다. 잘 맞추는 날도 있는가 하면 못 맞추는 날도 있습니다.

AI도 100% 적중하지는 못 하지만, 사람이 판단하는 것보다 적중할 확률은 더 높습니다.

AI는 날씨, 습도, 기온, 과거의 매출 등 방대한 데이터를 기반으로 예측하므로 '사람보다 고정확도의 예측을 실현할 가능성이 크다'고 볼 수 있습니다.

이러한 예측 분석 시스템은 다른 분야에서도 이용됩니다.

예를 들어 주식회사 윈드러스에서는 아파트 가격을 AI로 예측하는 서비스인 'OlivviA(올리비아)'를 개발하고 있습니다. 현재 시점, 5년 후, 10년 후의 경매 시장에서 아파트 물건의 추정 최저 자산 가치의 추이를 매각 금액(최저 자산 가치)으로 단계적으로 예측할 수 있는 온라인상의 검색 서비스입니다.

서비스 대상은 이주 또는 투자 목적으로 새로운 아파트 구매를 위해 검색하는 사용자입니다.

사용자는 이 서비스를 이용하여 장래에 투자 가치가 있는 물건은 무엇인지 예측할 수 있습니다. 이와 동시에 추정 담보 가치를 계산하면 위험도가 적은 주택 담보 대출을 받는 방법도 고려할 수 있습니다.

　이러한 AI 시스템을 학습하기 위해 이용하는 데이터는 부동산 낙찰 결과 데이터, 평균 주가지수 데이터, 땅값 데이터, 각종 통계 데이터 등이 있으며, 이 데이터의 조합 방식에는 국제 특허 출원 중인 아이디어가 포함되어 있습니다.

(부동산의 가치를 AI로 예측하는 서비스)

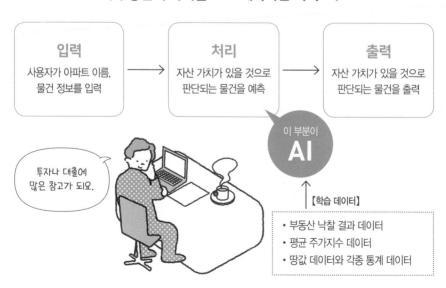

입력
사용자가 아파트 이름, 물건 정보를 입력

처리
자산 가치가 있을 것으로 판단되는 물건을 예측

출력
자산 가치가 있을 것으로 판단되는 물건을 출력

이 부분이 **AI**

투자나 대출에 많은 참고가 되요.

【학습 데이터】
• 부동산 낙찰 결과 데이터
• 평균 주가지수 데이터
• 땅값 데이터와 각종 통계 데이터

AI 사례를 알아두면 아이디어가 샘솟는다

AI 프로젝트를 성공시키려면 타 업종의 다양한 사례를 알아두는 것이 중요합니다.

그를 위해 일상생활 속에서 메모장에 과제를 항목별로 작성하는 습관을 들이는 방법도 효과적일 수 있습니다.

예를 들어 영업부에 소속된 사람이라면 업무 일지를 쓰는 김에 그날의 과제를 수첩에 간략하게 적어봅시다.

'여기에 AI를 쓰면 어떻게 될까?', '이건 AI로 해결할 수 있을지도 몰라' 등과 같이 아이디어를 펼쳐 나가면서 AI의 활용 포인트를 찾을 수 있는 안목을 길러 보십시오. 그 외 사례는 제6장에서 소개하도록 하겠습니다.

제 **2** 장

AI와 기계학습에 대한
기초 지식

'기계학습'이라는 말이 뭐지?

'기계학습'은 AI를 뒷받침해주는 기술 중 하나이다

AI가 화제가 되면서 '기계학습'이나 '딥러닝' 등의 단어를 자주 들을 수 있게 되었습니다. 제1장에서 언급했듯이 딥러닝도 기계학습의 한 방법이므로 'AI=기계학습'이라고 볼 수도 있습니다.

AI 분야에서 기계학습은 현재 가장 많이 이용되고 있는 기술이므로 무슨 의미인지 알아둘 필요가 있습니다. 조언해줄 것은 한 번에 모두 외우려 하지 않아도 괜찮습니다. '무언가가 있었지' 라는 정도만 머릿속에 새겨두기만 해도 크게 달라지는 것을 느낄 수 있을 것입니다.

자, 그러면 기계학습이란 무엇일까요?

한 마디로 설명하기는 어렵지만, 간단히 표현하자면 기계학습이란 수많은 데이터를 토대로 일정 패턴을 학습하여 적절한 답을 찾아주기 위한 방법을 말합니다.

조금 더 자세히 설명해보도록 하겠습니다.

여태까지의 일반적인 프로그램 방식에서는 사람이 생각한 후에 규칙을 정해야만 합니다.

'A라는 데이터에 B라는 처리를 진행하여 C로 출력한다' 라는 규칙을 정해 두는 방법입니다. 즉, 알려준 내용을 알려준 대로 실행하는 것이 규칙 기반 프로그램입니다.

하지만 기계학습의 학습모델은 스스로 규칙을 생각하면서 처리하여 출력해 줍니다. 아마도 프로그램에 대해 잘 모르는 분들께서는 '스스로 규칙을 생각한다는 점'이 그렇게 대단한 것일까 라는 의문을 가지면서, 크게 와닿지 않을 수도 있을 것입니다.

구체적인 예시를 들어 설명해보겠습니다. 업무를 하다 보면 수많은 메일 들을 만나게 되는데, 이들 중에는 쓸모없는 메일들도 많습니다. 이런 경우 쓸모없는 메일을 찾아 지우는 것은 시간도 낭비하고 짜증 나는 일이 아닐 수 없는데, 이때 자신에게 날아오는 메일 중에서 스팸 메일을 찾아 별도로 분리해서 사용자가 일일이 지우지 않아도 되도록 편의를 도와주는 '메일 소프트웨어의 스팸 메일 판정'에 기계학습의 학습모델이 이용됩니다.

따라서 기계학습을 통해 스팸 메일을 거를 수 있는 학습을 마친 AI는 대량의 데이터에서 자기 나름대로 규칙을 찾아 '일반 메일'과 '스팸 메일'을 판정할 수 있게 됩니다.

구체적인 예로 다음과 같은 경우 스팸 메일로 분류되도록 할 수 있습니다.

- 제목에 광고라는 단어가 들어 있다.
- 본문에 메일 주소 링크가 있다.
- 본문에 '상금', '당선', '축하드립니다' 등과 같은 메시지가 포함되어 있다.

이 밖에도 스팸 메일에는 다양한 특징이 존재합니다. 특히 매일 새로운 수법의 사기성 메일이 생겨나는데 그때마다 사람이 직접 스팸 메일 규칙을 추가하기 굉장히 힘듭니다.

이럴 때 기계학습 시스템을 이용하는 메일 소프트웨어가 있다면 규칙 자체를 자동으로 갱신해 줄 수 있어 아주 편리하게 됩니다. 새로운 스팸 메일의 패턴을 발견하면 그에 맞게 새로운 규칙을 자동적으로 부가해서 처리하면 되기 때문입니다.

적절한 데이터를 많이 제공해줄수록 AI는 그 데이터에서 규칙을 발견하여 더 정확도 높은 답을 해줄 수 있습니다. 이처럼 AI가 점점 더 똑똑해지는 과정을 '학습'이라 부르며, 이러한 학습을 통해 학습모델이 완성됩니다. 당연히 학습모델 안에는 스팸 메일을 판정하기 위한 규칙이 포함되어 있습니다.

(스팸 메일을 분류하여 처리하는 흐름)

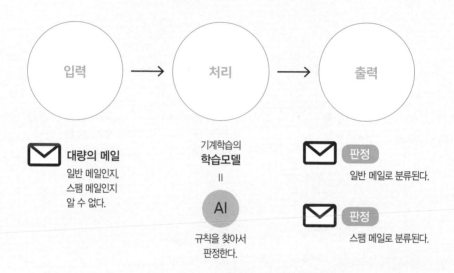

학습 과정은 '입력 → 학습모델 → 출력'이다

　기계학습의 학습모델에 데이터를 입력하고 답을 출력할 때까지의 흐름을 살펴봅시다.

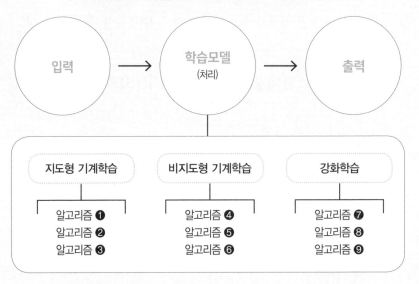

(**기계학습의 학습법은 크게 3가지로 나눌 수 있다**)

위 그림을 잘 살펴 봐주시기 바랍니다.

기계학습 과정은 대략적으로 '입력', '학습모델', '출력'의 세 부분으로 나눠서 생각할 수 있습니다. 이 부분은 제1장에서 설명했던 '입력→처리→출력'과 비슷한 흐름임을 알 수 있습니다.

'입력'에서는 AI에 판정을 위한 데이터를 입력합니다. 앞선 예시에서는 메일 데이터(일반 메일인지 스팸 메일인지 알 수 없는 데이터)가 입력 데이터가 됩니다.

그리고 '출력'은 AI로 분석한 결과를 데이터로 출력하는 것을 가리킵니다. 이러한 경우에는 '일반 메일'이나 '스팸 메일'로 판정 결과가 출력됩니다.

이러한 입력 데이터와 출력 데이터 사이에 '학습모델'이 존재합니다.

학습모델은 다음 중 하나를 통해 학습을 끝낸 프로그램'으로 생각해 주십
시오. 지도형 기계학습, 비지도형 기계학습, 강화학습이 학습모델을 만들기
위한 구체적인 학습법입니다(다음 항에서 자세히 설명하도록 하겠습니다).

기계학습의 학습법을 요리에 비유하면 조림, 구이, 찜 등의 조리법에 해당
합니다.

그리고 '알고리즘'은 컴퓨터가 문제를 해결하는 절차이자 방법을 의미합니
다. 이것은 요리 레시피와 같습니다.

알기 쉽게 설명하자면 햄버그 스테이크를 만들 때 요리사는 레시피의 절
차에 따라 작업을 진행합니다. 예를 들면 아래와 같은 절차로 말이죠.

① 양파를 잘게 썰어준다.

② 다진 고기에 ①을 섞어준다.

③ ②에 빵가루, 우유, 달걀을 넣고 소금과 후추를 뿌려준다.

④ ③을 둥글게 반죽해서 공기를 빼준다.

⑤ 프라이팬에 기름을 두르고 ④를 구워준다.

간단하게 설명한 레시피이지만, 이 절차에 따라 요리하면 햄버그 스테이
크를 만들어본 적 없는 사람도 그럭저럭 햄버그 스테이크를 만들 수 있을 것
입니다.

문과 계열 AI 인재가
알아야 할 기계학습 개념은
3가지뿐이다

기계학습의 3가지 학습법

그러면 지금부터 기계학습의 3가지 학습법을 설명하도록 하겠습니다. 이 부분은 프로그래밍을 전혀 해보지 않은 분은 어려울 수도 있습니다.

문과 계열 AI 인재는 기초 지식을 익히는 것도 중요하지만, 프로젝트의 실천적인 진행 방법을 신속하게 파악하고 싶다면 기계학습 삼형제 설명의 마지막 부분에 있는 '요약' 페이지를 훑어본 후에 제3장으로 넘어가도 괜찮습니다. 따라서 여러분의 목적에 맞게 읽으시기 바랍니다.

그런 다음 어느 정도 파악이 되었다고 생각되면 그때 2장을 공부해도 됩니다. 또는 잘 이해가 안 되더라도 한 번 읽어보시고 3장으로 넘어가셔도 좋습니다.

기계학습에는 다양한 학습법이 있지만, 문과 계열 AI 인재는 3가지만 알아두면 충분합니다.

이 책에서는 3가지 기계학습법의 특징을 좀더 쉽게 이해할 수 있도록 한 가정의 삼형제에 빗대어 설명하도록 하겠습니다.

장남은 '지도형 기계학습'입니다. 근면 성실한 우등생 타입으로 상당히 높은 확률로 우리가 기대하는 답을 도출해주지만, 안타깝게도 독창성은 없습니다. 현재의 기계학습에서 가장 빈번히 사용되는 학습법입니다.

차남은 '비지도형 기계학습'입니다. 변덕쟁이에 자기 페이스를 추구하는 타입이라 기대를 져버릴 때도 많지만, 때때로 예상도 못했던 의외의 답을 도출해 줍니다.

그리고 삼남은 '강화학습'입니다. 손이 많이 가는 막내 타입으로 키우는데 수고는 많이 들지만, 어느 정도 자라고 나면 스스로 꾸준히 학습하여 큰 성과를 가져다 줍니다.

(3가지로 분류한 기계학습 삼형제란?)

장남
지도형 기계학습

차남
비지도형 기계학습

삼남
강화학습

 **기계학습 삼형제의 장남,
지도형 기계학습**

그러면 지금부터 장남격인 지도형 기계학습에 대해 설명하도록 하겠습
니다.

지도형 기계학습에서 '지도'란 정답이 포함된 데이터로 학습시키는 것을
의미하는 것으로, '학습 데이터'라고 합니다.

일반적으로 '지도형 기계학습'에는 수많은 학습 데이터가 필요합니다. 여
기에서 '수많은'이라는 뜻은 때에 따라 달라지겠지만, 어림잡아 최소 1,000
개, 가능하면 10,000개 이상으로 생각해 주십시오.

적절한 학습 데이터의 양이 많으면 많을수록 AI의 정확도(올바른 답을 이끌어 낼 확률) 상승을 기대할 수 있습니다. 이는 삼형제 모두에게 공통되는 부분입니다.

그리고 이러한 학습 데이터를 준비하는 몫은 문과 계열 AI 인재에게 있습니다. 물론 누군가에게 부탁해서 데이터를 준비해도 되지만, '데이터 수집은 AI 프로젝트 리더의 책임'이라는 의식을 가지고 있는 것이 좋습니다.

기계학습에서는 사람이 규칙을 생각해서 제공할 필요는 없다고 설명했습니다. 하지만 지도형 기계학습에서는 '이것이 정답'이라는 표시를 한 데이터를 같이 준비해두어야만 합니다.

예를 들어 앞서 예시로 들었던 스팸 메일을 판정하는 AI라면 다음과 같은 학습 데이터를 많이 준비해야 합니다.

학습 데이터 1 = 스팸 메일 샘플들

학습 데이터 2 = 일반 메일 샘플들

이러한 2종류의 학습 데이터를 대량으로 준비하면 AI는 입력된 스팸 메일과 일반 메일을 비교하면서 그 안에서 '숨겨진 규칙'을 스스로 발견하여 그 규칙에 따라 스팸 메일 여부를 판별해줄 수 있게 됩니다.

여기서는 스팸 메일을 예로 들었기 때문에 데이터가 2종류로 한정되어 있었지만 사안에 따라서는 더 많은 종류의 데이터가 필요하기도 합니다. 예를 들어 AI에게 생선 종류 중 연어, 고등어, 대구를 판별하게 하고 싶다면 다음과 같은 3종류의 학습 데이터를 준비하면 됩니다.

> **학습 데이터 1** = 다양한 연어 사진 샘플들
> **학습 데이터 2** = 다양한 고등어 사진 샘플들
> **학습 데이터 3** = 다양한 대구 사진 샘플들

이러한 샘플들을 많이 입력해두면 지도형 기계학습의 학습모델은 컨베이어 벨트로 지나가는 생선의 이미지를 입력하면서 연어, 고등어, 대구를 정확하게 판별할 수 있게 됩니다.

단, 이 경우 중요한 점은 선별할 수 있는 종류는 3가지뿐이라는 것입니다. 따라서 컨베이어 벨트로 참치나 청어, 방어가 지나가도 AI는 연어, 고등어, 대구 중 어느 하나로 선별을 하고 맙니다. 만일 다른 생선도 인식시키고 싶다면 개별로 해당 학습 데이터를 준비해서 추가로 학습시켜야만 가능하게 됩니다.

이와 같이 장남인 지도형 기계학습은 근면 성실함이 장점이지만, 융통성은 없어서 '가르쳐 주지 않은 건 못 해' 라며 금방 포기해 버리고 맙니다.

(연어, 고등어, 대구를 이미지로 판별할 수 있다)

고등어!

연어!

대구!

디지털 사진의 위치 정보도 학습 데이터로 이용할 수 있다

앞선 내용까지 읽고 '학습 데이터를 하나하나 준비하는 것이 귀찮다' 라고
느꼈을 수도 있을 것입니다.

물론 AI 프로젝트에서 데이터 수집은 매우 중요한 공정이지만, 그렇다고
해서 매번 공정이 고생스럽지는 않습니다.

왜냐하면 사전에 데이터에 정답이 포함되어 있는 경우도 있기 때문이죠.

예를 들어 산악 사진에는 촬영 장소(위치 정보)가 디지털 데이터로 기록되어
있는 경우가 있습니다. 엄청난 산 애호가라면 데이터가 기록되어 있지 않더

라도 사진만 보고 북알프스와 남알프스의 사진을 구분할 수 있겠지만, 일반인들은 구분이 쉽지 않을 것입니다. 그러나 사진 내에 촬영 장소에 관한 데이터가 기록되어 있다면 쉽게 어느 산인지 판별할 수 있습니다.

이러한 위치 정보가 담긴 산악 사진에 어느 산인지 나타내는 정보를 부여해주면 그것이 학습 데이터가 됩니다. 그리고 그 데이터를 '지도형 기계학습'에 입력만 해주면 AI는 자동으로 규칙을 찾아서 선별해주게 됩니다.

사진뿐만 아니라 문서, 음성, 영상 등에 관련 정보(메타 데이터)인 디지털 데이터가 포함되어 있는 경우에는 그것들을 그대로 '지도형 기계학습'의 학습 데이터로도 이용할 수 있습니다.

(**처음부터 메타 데이터가 포함되어 있는 경우도 있다**)

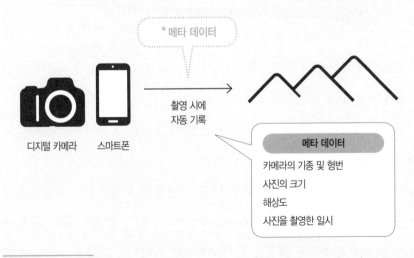

* 메타 데이터

촬영 시에
자동 기록

디지털 카메라   스마트폰

메타 데이터

카메라의 기종 및 형번
사진의 크기
해상도
사진을 촬영한 일시

---

* 메타데이터(Metadata) : 효율적으로 정보를 찾을 수 있도록 일정 규칙에 따라 부여되는 데이터

데이터에 정답 라벨을 달아서 학습시킨다

지금부터 '지도형 기계학습'의 학습 데이터에 라벨(답)을 다는 방법을 설명하도록 하겠습니다.

예를 들어 개 사진과 고양이 사진을 구분하기 위해 '지도형 기계학습'을 이용한다고 가정해 봅시다. 판정의 정확도는 '95%'로 목표를 잡습니다. 이 경우, 처음에 준비할 데이터는 다음과 같습니다.

학습 데이터 1 = 개 사진 샘플들

학습 데이터 2 = 고양이 사진 샘플들

문과 계열 AI 인재가 열심히 노력하여 개와 고양이의 사진 데이터를 각각 10,000개씩 준비했다고 가정합시다.

그렇지만 단순히 준비한 것만으로는 컴퓨터가 개 사진인지 고양이 사진인지 판단할 수 없습니다. 컴퓨터가 제대로 판단하려면 모든 데이터에 라벨(답)을 달아줘야만 합니다.

라벨을 다는 일반적인 방식은 사진 데이터에 별도 형식의 파일을 만들어 사진의 ID 번호에 숫자로 라벨을 표시하는 것입니다.

예를 들어 '0=개 사진', '1=고양이 사진'이라고 정의한다면 다음과 같은 데이터가 완성됩니다.

- ID00001 …… 0
- ID00002 …… 1
- ID00003 …… 1
- ID00004 …… 0

이와 같이 데이터를 정리해주면 컴퓨터는 사진을 읽은 다음 사진의 ID 번호에 연결된 라벨을 읽어내어 그 사진이 개(0)인지 고양이(1)인지를 구별하여 각각의 특징을 기록해 둡니다. 이렇게 데이터에 라벨을 다는 작업을 '어노테이션(Annotation)'이라고 합니다.

(사진 데이터와 개, 고양이의 판정을 ID로 관리한다)

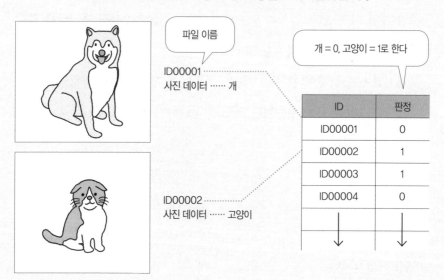

수동으로 어노테이션을 진행할 경우에는 개의 사진 데이터 10,000개와 고양이 사진 데이터 10,000개로 총 20,000개에 대응하는 데이터를 입력해야 합니다. 그리고 사진 데이터와 라벨 달기를 끝낸 파일을 한 세트로 묶어 주면 학습 데이터로 이용할 수 있습니다.

그 후, 만들어진 학습 데이터를 컴퓨터에 입력하면 AI는 '개는 주둥이 부분이 길다', '고양이의 얼굴에는 긴 수염이 달려 있다', '고양이의 얼굴이 더 둥글다' 등 사진 데이터를 보고 판단할 수 있는 것을 학습하면서 그것을 각 동물의 패턴으로 인식하게 됩니다.

요구되는 정확도는 프로젝트마다 다르다

위와 같은 판별 기준을 가지고 제대로 AI 프로그램이 완성되었는지 테스트하기 위해 별도의 사진 데이터를 만들어 입력하여 정확도를 시험해본 결과, 70%의 정확도로 개와 고양이를 선별했다고 가정해 봅시다. 이것은 데이터 10개당 '정답 7, 오답 3'의 비율로 판정되었다는 뜻입니다.

애초에 우리가 생각했던 첫 목표치는 95%이므로 25%나 차이가 납니다.

그러면 문제를 하나 내보겠습니다.

문과 계열 AI 인재인 여러분은 여기에서 어떤 판단을 하시겠습니까?

다음의 3가지 항목 중에서 선택해 주십시오.

① 목표로 삼았던 정확도 95%를 80%로 낮춘다.

② 학습 데이터를 추가하거나 바꿔서 다시 학습한다.

③ 지도형 기계학습의 다른 알고리즘을 시도해본다.

①번을 선택한 분들은 너무 쉽게 포기하는 경향이 있군요.

만일 개와 고양이 사료를 개발하기 위한 기계학습이 목표였다면 개와 고양이의 먹이를 혼동하더라도 큰 사고로 이어지지 않으니 최종적으로 정확도를 낮추는 선택지를 선택할 수도 있겠지만, 한 번의 평가로 포기할 필요는 없습니다.

참고로 목표로 삼아야 할 출력의 정확도는 용도에 따라 달라집니다. 게임이나 완구 등 오락계에 이용한다면 '적당한 정도의 정확도'라도 크게 상관없는 경우가 있습니다. 하지만 생명에 연관된 의료기기나 정밀기기의 검품에 이용한다면 100%에 가까운 정확도가 요구되어야 합니다.

물론 어떤 경우든 정확도가 높다면 좋겠지만, 정확도와 비용에는 상관관계가 있다는 점도 함께 유념해두시기 바랍니다. 정확도를 높이려 할수록 시간과 비용이 많이 들기 때문입니다.

AI를 사용해서 비용에 상응하는 결과를 얻을 수 있을지 파악하는 일 또한 문과 계열 AI 인재의 역할입니다. 비즈니스 현장에서는 항상 '비용 대비 효과'가 요구됩니다.

②번을 선택한 분들은 정답입니다.

학습 데이터 테스트에서 사용할 데이터를 추가해주면 정확도가 높아질 가
능성이 있습니다. 어느 정도 추가할지, 또는 모두 교체해서 다시 학습할지는
AI 엔지니어와 상담한 후에 결정하면 됩니다.

③번을 선택한 분들도 정답입니다. 알고리즘을 바꿔주면 정확도가 높아지
는 경우가 있습니다.

AI 프로젝트를 관리한다면 ②와 ③을 동시에 검토해서 '정확도가 높아질
확률이 크다' 라고 판단되는 방법을 선택해 주십시오.

분류 외에 미래 예측에도 강하다

지금까지 소개한 '지도형 기계학습'은 모두 '분류'가 목적이었습니다. 이메
일 판별도, 생선 판별도, 개와 고양이 판별도 모두 '분류' 라는 똑같은 목적을
가졌죠. 즉, '지도형 기계학습'은 '분류'가 특기라는 뜻입니다.

하지만 '지도형 기계학습'에는 또 다른 특기가 있습니다. 바로 '연속된 수
치를 토대로 미래를 예측하는 것'입니다.

세상에는 '끊임없이 변화하는 수치'가 있습니다. 강우량, 주가, 금 시세, 가
게 매상 등도 이에 해당하죠. 이러한 수치를 학습 데이터로 이용할 수 있다
면 '지도형 기계학습'을 사용해서 미래를 예측할 수 있게 됩니다.

예를 들어 사과 수확량을 예측하는 AI를 만든다고 가정해 봅시다. 학습 데이터로 준비해야 할 데이터는 다음과 같습니다.

학습 데이터 1 = 과거의 기상 데이터

학습 데이터 2 = 과거의 생육 데이터

학습 데이터 3 = 과거의 출하 데이터

학습 데이터 4 = 과거의 수확량 데이터

'지도형 기계학습'을 이용하면 이 4가지 데이터를 조합하고 분석하여 미래의 수확량을 예측할 수 있습니다.

정답 확인(예측이 어느 정도 맞았는지)은 수확 이후에나 가능하겠지만, 정확도가 높으면 '올해의 수확량은 어느 정도 될지', '언제쯤 수확하면 수확량이 최대가 될지'도 예측할 수 있습니다.

한 마디로 '지도형 기계학습'은 '분류와 예측에 강하다' 라고 외워 두십시오.

요약

장남격인 지도형 기계학습은 '학습 데이터'로 힘을 발휘한다

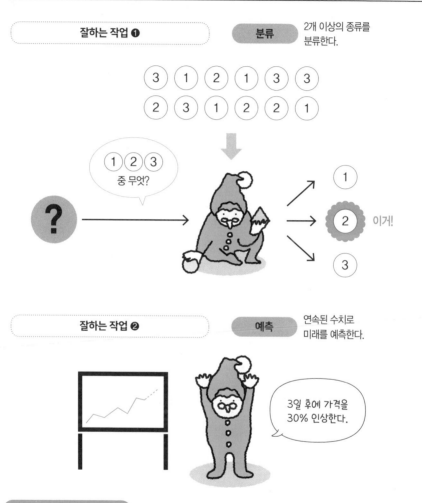

잘하는 작업 ❶

분류

2개 이상의 종류를
분류한다.

잘하는 작업 ❷

예측

연속된 수치로
미래를 예측한다.

지도형 기계학습의 핵심

● 지도형 기계학습은 분류와 예측에 강하다.

● 학습 데이터(이것이 정답임을 나타내는 데이터)를 준비해야만 한다.

● 질 좋은 학습 데이터가 많을수록 AI의 정확도가 높아진다.

차남, 비지도형 기계학습은 숨겨진 특징을 밝혀낸다

기계학습 삼형제의 차남은 변덕쟁이에 자기 페이스를 추구하는 '비지도형 기계학습'입니다.

'비지도형'이라는 단어에서 알 수 있듯이 '지도형(정답 데이터)'은 사용하지 않습니다. 즉, 비지도형 기계학습이 사용하는 데이터는 정답이 아닌 데이터 또는 정답을 알 수 없는 데이터들입니다.

예를 들어 눈앞에 정리되어 있지 않은 방대한 통계 수치가 나열된 데이터가 있다고 가정해 봅시다.

이러한 통계 데이터에는 수 천 개의 항목이 있고, 그 안에 각각 엄청나게 많은 수치가 나열되어 있는데, 이것을 한눈에 보고 '이러한 특징이 있다!' 라고 간파할 수 있는 사람은 없습니다.

그럴 때 차남인 비지도형 기계학습이 활약해 줍니다.

'비지도형 기계학습'으로 학습한 컴퓨터는 방대한 데이터 안에서 숨겨진 특징을 발견해줄 수 있습니다(물론 실패하는 경우도 있습니다).

조금 더 구체적으로 설명해보도록 하겠습니다.

아마추어 사진작가 A 씨의 사진을 소재로 생각해보기로 합니다.

A 씨는 몇십 년 동안 계속해서 꽃 사진을 찍어왔습니다. 그러다보니 어느

새 5,000장의 디지털 사진이 쌓였습니다. 그렇지만 지금까지 한 번도 정리해 본 적이 없어서 꽃의 종류도 촬영 장소도 각기 다릅니다.

이러한 5,000장의 데이터를 '비지도형 기계학습'에 입력하면 어떻게 될까요?

비지도형 기계학습에서는 답이 없는 데이터를 토대로 스스로 유추한 특징을 기반으로 하여 학습모델을 만들어 줍니다. 예를 들어 컴퓨터에게 '5가지로 분류한다면 어떻게 나눌래?' 라고 질문을 던지면 스스로 데이터를 5가지 모델로 분류해서 각각마다 무슨 패턴이 있는지 대답해 줍니다. 알아둘 것은 '비지도형 기계학습'은 어떠한 기준을 토대로 꽃 사진을 5가지 그룹으로 분류해 주지만, '그 기준이 무엇인지'는 알려주지 않는다는 것입니다. 5가지 그룹으로 분류된 데이터를 보고 사람들은 '이러한 기준으로 분류하지 않았을까' 라고 추측할 뿐입니다.

예를 들면 AI가 다음과 같은 5가지 형태로 분류했다면 꽃의 색상으로 분류한 것이라고 추측할 수 있습니다.

꽃의 색상으로 분류

빨간색 / 흰색 / 노란색 / 보라색 / 주황색

만약 여러분이 꽃의 색상이 아니라 꽃잎의 개수로 분류하길 원한다면 조건을 바꿔서 다시 '5가지로 분류해달라'고 부탁해 보십시오.

조건을 바꿔주면 꽃잎의 개수나 꽃잎의 모양 등 다른 기준으로 나눠 줍니다.

꽃잎의 개수로 분류

3개인 꽃 / 5개인 꽃 / 8개인 꽃 / 13개인 꽃 / 21개인 꽃

꽃의 모양으로 분류

둥근 꽃잎 / 뾰족한 꽃잎 / 물결 모양의 꽃잎 / 절개된 부분이 있는 꽃잎 / 타원형 꽃잎

비지도형 기계학습에서 이처럼 데이터를 몇 가지 그룹으로 분류하는 일을 '클러스터링(Clustering)'이라고 부릅니다.

'비지도형 기계학습'을 통한 클러스터링의 결과는 학습모델에 무엇을 요구하느냐에 따라 달라집니다.

따라서 원하는 결과를 얻지 못했을 경우에는 요구하는 내용을 바꿔서 조정해야만 합니다. 어떻게 조정할지는 AI 엔지니어와 상담한 후에 결정하면 됩니다. 여기에서는 '비지도형 기계학습'이 클러스터링이 필요할 때 도움이 된다는 점만은 기억해 두시기 바랍니다.

(5,000장의 꽃 사진을 5가지로 분류하는 기준은?)

비지도형 기계학습

꽃의 색상으로 5가지 그룹으로 분류한다.

빨간색 / 흰색 / 노란색 / 보라색 / 주황색

꽃잎의 개수로 5가지 그룹으로 분류한다.

3개 / 5개 / 8개 / 13개 / 21개

꽃잎의 모양으로 5가지 그룹으로 분류한다.

둥글다 / 뾰족하다 / 물결 모양이다 / 절개 부분이 있다 / 타원형이다

비지도형 기계학습의 클러스터링이란?

● '비지도형 기계학습'은 정답 데이터를 준비하지 않아도 된다.

● '비지도형 기계학습'은 어떤 결과가 나올지 알 수 없다.

● 무엇을 기준으로 그룹으로 묶었는지는 사람이 예측해야만 한다.

비지도형 기계학습은 요약에도 강하다

'비지도형 기계학습'은 데이터 중에서 중요한 부분만을 추출하여 요약하는 것에도 강합니다.

서울에 사는 중학교 2학년생을 대상으로 한 '학력 모의고사 시험의 결과'가 수중에 있다고 가정해 봅시다. 이 학력 시험은 중요한 5가지 교과목(국어, 영어, 수학, 과학, 사회)을 대상으로 시행되었습니다.

서울시 중학교 2학년생의 수를 약 10만 명으로 가정해 봅시다. 그러면 교과목별로 10만 개, 총 50만 개의 득점에 관한 데이터가 존재합니다.

이랬을 때 교과목별 평균점은 간단히 도출할 수 있습니다. 모든 득점을 더해서 인원수로 나누기만 하면 되죠(조금 계산하기는 귀찮겠지만). 각각의 표준점수도 쉽게 계산할 수 있습니다.

이때 평균점이나 표준점수를 보면 'A는 이과를 잘하지만 국어에는 약하다', 'B는 국어와 영어를 잘한다' 정도는 지적해낼 수 있습니다.

하지만 '서울시 중학교 2학년생의 과목별 전체적인 경향을 비교해서 설명해라' 라는 요구를 받으면 평균점이나 표준점수만으로는 답할 수가 없습니다. 교과목이 5개나 되므로 대충 훑어보기만 해서는 '전체적으로 이러한 특징이 있다' 라고 말할 수 없기 때문입니다. 일반적으로 '사람이 직감적으로 이해할 수 있는 정보는 최대 3개' 라고 합니다.

그럴 때 비지도형 기계학습이 활약해 줄 수 있습니다.

10만 명분의 5가지 교과목 득점을 컴퓨터에 데이터로 입력하고, 학습모델을 만들어 어떤 경향이 있는지를 조사해 줍니다.

조사 방법이 너무 다양하니 자세한 내용은 생략하겠지만, 가장 자주 사용되는 방법은 데이터가 가장 많이 흩어지듯이 분포될 수 있도록 그래프의 세로축과 가로축을 설정하는 방법(주성분 분석)을 사용합니다.

이 방법을 사용하면 데이터 전체의 특징을 확실히 잡아내기 위해서 전체에 큰 영향을 주지 않는 데이터는 자동으로 생략해 줍니다.

즉, 방대한 데이터를 이해하기 쉽게 요약해 주는 것이죠.

아래의 그래프는 컴퓨터가 분석한 점수 분포도를 나타냅니다. (결과적으로) 가로축은 수학과 과학의 합계 득점, 세로축은 국어와 사회의 합계 득점을 나타냅니다.

가로축은 수학과 과학의 합계 득점이므로 '이과 과목의 득점', 세로축은 국어와 사회의 합계 득점이므로 '문과 과목의 득점'으로 바꿔 말할 수 있죠. 이 경우, 영어 점수는 어디에도 반영되어 있지 않습니다.

이처럼 5개 항목(5가지 교과목)의 데이터를 2개 항목(이과 과목, 문과 과목)으로 다시 정리함에 의해 데이터 전체의 경향이 보이기 시작합니다.

('차원 축소'의 목적은 데이터를 이해하기 쉽게 요약하는 것이다)

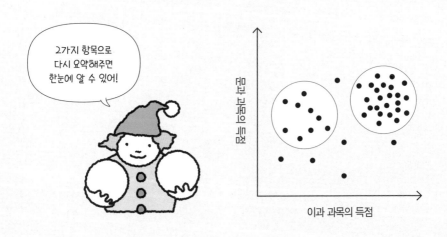

- 서울시의 중학교 2학년생은 이과 과목의 득점이 높은 쪽에 큰 그룹이 형성되어 있다.
- 문과 과목을 잘하는 학생들보다 이과 과목을 잘하는 학생들이 이과 이외의 과목도 잘하는 경향을 보인다.

이처럼 '비지도형 기계학습'으로 데이터의 항목 수를 줄이고 요약해주면 데이터에 숨겨진 특징을 읽어낼 수 있습니다.

보이지 않던 것이 보이게 해주는 '시각화'를 이룰 수 있죠.

단, 위와 같은 그래프도 AI가 자체적으로 판단하여 정한 규칙에 따라 도출해줄 뿐 '가로축은 이과, 세로축은 문과야' 라고 알려주지는 않습니다. 분석 결과를 살펴보고 나중에 추측해야 한다는 점에서는 클러스터링과 같습니다.

참고로 '비지도형 기계학습'에서는 이와 같이 요소(항목)를 줄여 요약하는 작업을 '차원 축소' 라고 합니다.

실제로 학습모델의 구조나 알고리즘의 내용까지 이해할 필요는 없지만, '비지도형 기계학습'은 클러스터링과 차원 축소에 강하다는 점을 기억해 두시기 바랍니다.

비지도형 기계학습의 클러스터링은 요약에 강하다

잘하는 작업 ❶

그룹화 특징을 찾아 몇 가지 그룹으로 분류한다.

3가지 그룹으로 분류해봤어.

잘하는 작업 ❷

차원 축소 대량의 데이터를 요약하여 정리한다.

특징적인 항목을 찾는다.

그래프로 만들 수 있어!

비지도형 기계학습의 핵심

● '비지도형 기계학습'은 클러스터링과 차원 축소에 강하다.

● 정답을 알 수 없는 데이터를 입력해도 결과를 내준다.

● '왜 그렇게 되었는지'를 사람이 추측해야만 한다(알 수 없는 경우도 있다).

강화학습은
스스로 점점 똑똑해진다

기계학습 삼형제의 막내인 강화학습은 손이 많이 가는 응석꾸러기 타입입니다. 근면 성실한 장남이나 자기 페이스를 추구하는 차남과는 조금 타입이 다르죠. 어느 정도 성장할 때까지는 칭찬을 많이 해줘서 의욕이 생기도록 도와줘야만 하기 때문입니다.

강화학습의 육성은 개를 훈련하는 것과 매우 비슷합니다.

현재 주류 훈련 방식은 '칭찬'입니다. 애견인들 사이에서는 이미 상식으로 통하는 방식으로, 개가 원하는 행동을 취했을 때 큰 소리로 칭찬해주고 간식을 주면서 훈련하는 방식입니다.

예를 들어 이런 방식이죠.

개가 산책 중에 교차로 앞에 서서 자발적으로 그 자리에 앉았습니다. 이는 위험을 피하기 위한 바람직한 행동이므로 주인은 곧바로 '잘했어!' 라고 소리 내서 칭찬해 줍니다.

사랑하는 주인의 칭찬 한 마디는 개에게는 보상과도 같습니다. 개는 '또다시 칭찬받고 싶다' 라는 생각에 똑같은 행동을 반복하게 됩니다.

동물 행동학에서는 이러한 보상을 위해 학습하면서 행동이 강화되는 것을 '정적 강화' 라고 합니다.

'강화학습'에서도 마찬가지입니다. '어떤 상태에서 다음에 어떻게 행동하면 좋을지'를 판단하여 그때의 상태, 행동, 보상에 따라 학습해 나갑니다.

여기서 '상태'란 앞서 예시로 들었던 개의 경우로 표현하자면 교차로 앞까지 간 상황을 말합니다. '행동'은 그 자리에 앉아서 기다린 것. 그리고 '보상'은 주인의 칭찬입니다.

그렇다면 AI의 '강화학습'에서는 어떻게 될까요?

(강화학습은 보상을 주면 점점 똑똑해진다)

개 훈련

보상 · 칭찬과 간식

강화학습

보상 · 고득점 부여

【결과와 득점의 관례】
베스트 1 = 10점
베스트 2 = 5점
베스트 3 = 3점
베스트 4 = 2점
베스트 5 = 1점

고득점을 따기 위한 방법을 학습해야지.

강화학습의 기능은 사람의 지능에 가깝다?

오셀로 게임*을 하는 AI를 예로 들어 생각해 봅시다.

오셀로의 경우, 칸에 두는 돌의 위치가 '상태'에 해당합니다. '행동'은 다음 수로 어디에 돌을 둘지, 그리고 '보상'은 상대방의 돌을 뒤집을 수 있는 개수에 해당합니다. AI가 검은색 돌을 움직이는 플레이어라면 상대방의 흰색 돌을 검은색으로 뒤집는 개수가 '보상'이 되는 셈이죠.

예를 들어 다음과 같은 경우, '강화학습'은 어느 수를 선택할까요?

다음 수 ❶ = 검은색 돌이 1개 증가
다음 수 ❷ = 검은색 돌이 3개 증가
다음 수 ❸ = 검은색 돌이 5개 증가

단순하게 생각하면 5개가 늘어나는 ③의 수가 가장 좋습니다. 다음 수만 한정해서 생각하면 가장 보상이 많기 때문입니다.

하지만 오셀로는 최종적으로 어느 색의 돌이 많은지를 겨루는 게임입니다. 예를 들어 다음 수에서는 비록 1개만 늘어나더라도 그다음 수에서 10개 이상 뒤집을 수도 있습니다. 반면에 다음 수에서 5개가 늘어나더라도 그다음 수에서는 1개만 증가될 수도 있습니다.

---

* 오셀로 게임(Othello game) : 64개 구획으로 나누어진 반상에 흑과 백으로 된 알을 늘어놓고 자기 말 사이에 상대편 말을 끼게 하면 상대편 말을 자기 말 색으로 바꾸어 가면서 승패를 결정짓는 게임

따라서 ①, ②, ③ 중 어느 수가 가장 좋은지는 첫 단계에서 무조건 단정지을 수 없습니다. '강화학습'은 첫 번째 작업에서는 당연히 돌이 가장 많이 늘어나는 수를 선택해서 게임을 진행합니다. 그러나 계속해서 오셀로 게임을 수없이 반복하고, 조금씩 이기는 방법에 대한 노하우를 학습하면서 앞으로 일어날 전개를 읽어내어 최선의 수를 선택할 수 있게 됩니다.

오셀로, 바둑, 장기 등의 게임을 플레이할 경우, 대전 상대의 행동에 따라 국면이 계속해서 바뀌므로 다음 수의 개수(경우의 수)는 방대해질 수밖에 없습니다. 예전에는 컴퓨터가 이러한 경우의 수를 모두 처리하지 못해 프로급 실력을 갖춘 사람에게 이기지 못했습니다.

(강화학습으로 장기 중계 실황까지 바뀌었다!)

선수 70%,
후수 30%라는
승률 수치가 나왔군요.

하지만 컴퓨터의 처리 능력이 향상되고, 딥러닝 등의 최첨단 기술과 조합하면서 현재는 사람의 능력을 웃돌 수 있게 되었습니다.

AI의 진화로 인해 장기 중계 방식도 변화되었습니다.

예전에는 별실에 있는 해설자가 '이건 악수일지도 모르겠군요' 라고 태평하게 예측하면서 해설했지만, 요즘에는 AI의 분석을 통해 한 수 한 수마다 우열(승리할 확률)이 판가름 납니다.

'선수 70%, 후수 30%' 등의 승률 상태가 다 표시되는 것입니다.

또 유력한 다음 수도 '장군 41%', '멍군 25%', '외통수 14%'와 같이 수치화되어 표시되므로 결과를 거의 투명하게 볼 수 있죠. 그래서 AI의 예측에 벗어나는 묘수를 두는 기사는 '천재' 라는 평을 얻기도 합니다.

강화학습은 컴퓨터가 스스로 시행착오를 겪으면서 학습한다는 점에서 지도형 기계학습이나 비지도형 기계학습보다 사람의 지능에 가깝다고 여겨지고 있습니다.

현재는 장기, 바둑, 자율주행, 로봇 제어 등에 사용되고 있지만, 가까운 미래에는 활용의 폭이 크게 넓어질 것으로 예측되고 있습니다. 앞으로 점점 가능성이 커지고 장래성이 있는 학습법이죠.

강화학습은 보상을 주면 성장한다

방법 가장 좋은 결과를 얻기 위해 앞서서 생각한다.

잘하는 작업

행동 패턴을 학습

이거를 뒤집지 않아야 결과적으로 승리에 가까워져.

3수 앞까지 읽어내면 …… 결과는?

1수째	상대방 (최선의 수)	2수째	상대방 (최선의 수)	3수째	결과
●●●	○○○○	●●	○○○○	●	●= 6개 ○= 8개
●●●●	○○○○	●	○○○○○○	●●	●= 7개 ○= 10개
●	○○	●●	○	●●●●●	●= 8개 ○= 3개
●●	○○	●●	○○○	●	●= 5개 ○= 5개

최선의 수

뒤집은 개수 : ●(검은색 돌) = 강화학습을 통한 예측
　　　　　　　○(흰색 돌)　 = 상대방의 최선의 수

1수째에는 2번이 4개의 돌을 뒤집어 유리하지만, 3수까지 진행했을 때에는 3번이 8개로 가장 많은 돌을 뒤집고 있다.

강화학습의 핵심

● 보상을 받기 위해 반복해서 학습하면 정확도가 향상된다.

● 게임처럼 규칙이 변화하지 않는 환경에서 실력을 발휘한다.

AI 활용의 핵심을 쥐고 있는 딥러닝

딥러닝은 기계학습 삼형제의 여동생 개념이다

마지막으로 기계학습 삼형제의 여동생을 소개합니다.

바로 딥러닝(심층학습)입니다.

장남인 지도형 기계학습, 차남인 비지도형 기계학습, 삼남인 강화학습의 경우, 모두 입력할 데이터를 사람이 관리해야만 합니다.

즉 학습을 진행할 때, 미리 데이터의 특징량(주목해야 할 특징)을 준비해야 하므로 어느 정도 결과도 예측이 가능하다는 것을 알 수 있습니다.

하지만 여동생격인 딥러닝은 차원이 다른 능력을 가진 천재입니다.

학습 시에 특징량을 준비하지 않아도 복잡한 데이터를 분석하여 천재적인 영감으로 과제를 해결해주기도 합니다(물론 실패하기도 합니다).

또한, 그 영감은 매우 독창적이라서 사람이 그 결과가 왜 그렇게 나왔는지 파악하려 해도 이유를 알 수 없는 경우가 있습니다.

문과 계열 AI 인재뿐만 아니라 AI 엔지니어가 봐도 답을 도출해내기까지 의 경로를 알 수 없을 때가 있습니다.

이러한 딥러닝의 등장으로 인해 AI의 가능성은 크게 향상된 상태입니다. 그렇다면 딥러닝은 어느 부분이 창조적일까요?

그것은 바로 학습의 구조 자체에 있습니다.

앞서 언급했듯이 기계학습 삼형제의 기본적인 구조는 '입력 → 학습모 델 → 출력'입니다.

딥러닝도 기본적인 구조는 같지만, 학습모델의 내부 구조가 조금 더 복잡 합니다. 입력과 출력 사이에 '입력층 → 중간층(2개 층 이상) → 출력층'이라는 3 개 층이 존재합니다.

딥러닝에서는 대량의 데이터를 입력하면 입력층, 중간층, 출력층을 경유 해서 출력이 이루어집니다. 이때 거미줄처럼 얽혀 있는 수많은 선과 원형 부 분은 '뉴럴 네트워크(Neural network)'라고 부릅니다. 사람의 복잡한 신경 세포 인 '뉴런'의 연결을 모방해 만들어서 이렇게 부르게 되었죠.

(딥러닝의 구조)

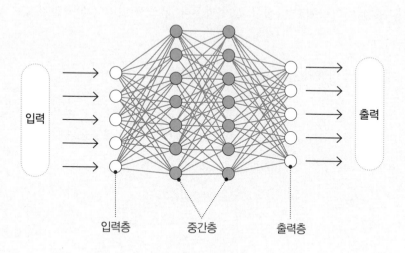

입력

입력층   중간층   출력층

출력

이 그림에서는 중간층이 2개 층으로 이루어져 있지만, 실제 딥러닝의 중간층은 이보다 많아 조금 더 복잡하게 이루어져 있습니다.

당연히 '중간층'이 많을수록 고정확도로 보다 더 복잡한 정보를 출력할 수 있습니다.

딥러닝은 일반적으로 기계학습 삼형제보다 '놀라울 정도로 정확도가 높다'고 할 수 있는데, 이것이 여동생을 천재라고 부르는 이유라고 할 수 있습니다.

여기에서 의문이 드는 분도 많을 것입니다. 즉, '그러면 모두 다 여동생인 딥러닝에게 맡기면 되는 거 아냐?' 라고 생각할 수도 있을 것입니다. 그렇지만 모두 다 맡겨버리면 삼형제가 활약할 수 있는 부분이 사라지게 됩니다. 또한 딥러닝에도 단점이 있기 때문에 무작정 딥러닝에만 맡기기도 힘듭니다.

예를 들면 아래와 같은 단점이 존재합니다.

- 높은 처리 능력을 갖춘 컴퓨터가 필요하므로 비용이 많이 든다.
- 삼형제보다 더 많은 데이터가 필요하므로 데이터 준비 비용이 커진다.
- 삼형제보다 학습에 시간이 더 걸리는 경우가 많다.

이 책의 목적은 AI 개발자를 키우기 위한 것이 아니므로, 삼형제와 여동생을 단순히 비교하는 것은 큰 의미가 없으니 '기계학습'이라는 큰 그룹 속의 특별한 존재라는 점만 기억해 두시기 바랍니다.

또한, 하나의 AI 시스템에 삼형제가 같이 병용되는 경우는 없지만, 딥러닝과의 병용은 가능합니다. 실제 프로젝트에서 딥러닝을 이용하는 경우에는 '지도형 기계학습×딥러닝', '비지도형 기계학습×딥러닝', '강화학습×딥러닝'과 같이 조합하기도 합니다. 일단 이 시점에서는 삼형제와는 다른 차원으로 딥러닝이 존재한다는 점을 이해해 두시기 바랍니다.

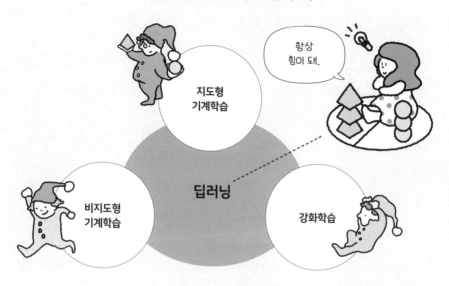

(기계학습과 딥러닝의 관계도)

딥러닝의 대표적인 알고리즘

여동생격인 딥러닝에도 자주 이용되는 알고리즘이 몇 가지 있습니다.

문과 계열 AI 인재가 알고리즘의 구조를 이해할 필요는 없지만, '어떤 때 사용되는지'를 파악하는 것은 의의가 있습니다.

급하게 공부할 필요는 없지만, 여러분이 잘 모르는 알고리즘 속에 아이디어의 힌트가 숨어 있을 수 있으니, 전문 서적 등에 도전해서 지식을 쌓는 것도 좋은 방법일 수 있습니다.

참고로 '가장 쉬운 인공지능(AI) 입문서(아티오 출판사)'를 보시면 비전공자도 기계학습과 딥러닝에 대한 개념을 쉽게 잡을 수 있을 것입니다.

다음의 4가지 항목은 대표적인 딥러닝의 알고리즘입니다.

- CNN(Convolutional Neural Network, 콘볼루션 신경망)

- RNN(Recurrent Neural Network, 순환 신경망)

- AE(Autoencoder, 오토인코더)

- GAN(Generative Adversarial Network, 생성적 대립 신경망)

딥러닝은 기계학습의 가능성을 펼친 획기적인 기술이며, 딥러닝에 관한 기술은 폭발적인 기세로 나날이 진화하고 있습니다.

가까운 미래에는 사람만이 가진 '오감'을 인식할 수 있게 될지도 모릅니다.

예를 들면 '시각' 분야에서는 식재료의 사진을 통해 신선도를 인식하여 식중독도 예방할 수 있을지 모릅니다. '청각' 분야에서는 보컬리스트의 음질 등을 인식하여 취향 아티스트도 추천해 줄 수 있을 것입니다.

현재의 딥러닝은 빅데이터를 다루면서 위력을 발휘하는 경우가 많아 필연적으로 고사양의 컴퓨터가 필요합니다. 결과적으로 개발 비용은 커지지만, 가까운 미래에는 훨씬 더 빠른 초고속 컴퓨터가 만들어질 것이므로 더욱더 손쉽게 딥러닝을 이용할 수 있는 시대가 반드시 올 것입니다.

현재 AI의
4가지 취약점

AI는 만능이 아니다! 여전히 취약한 부분들

많은 사람들이 AI는 만능이라고 생각하기도 하는데 아직까지 AI는 만능이 아닙니다. 여전히 취약한 부분이 많이 있죠. 취약한 부분을 무리해서 시키려고 하면 그만큼 더 많은 시간과 비용이 들기도 하려니와 만족할 만한 성과를 얻기도 힘듭니다.

다음과 같이 4가지 항목으로 AI의 취약점을 정리해 봤습니다.

취약점 ❶ = 소량의 데이터로 추리하기
취약점 ❷ = 합리적이지 않은 판단 내리기
취약점 ❸ = 문맥에서 의미 파악하기
취약점 ❹ = 임기응변에 대응하기

무슨 뜻인지 순서대로 설명해보기로 합니다.

취약점 ❶
소량의 데이터로는 추리하기가 어렵다

AI는 수많은 데이터를 바탕으로 학습하는 것을 기본으로 합니다. 기계학습의 학습법에 따라 필요한 데이터의 수는 다르지만, 최소 1,000개의 데이터가 없으면 학습할 수 없다고 생각하시면 됩니다.

그에 반해 사람은 컴퓨터와 달리 소량의 데이터만으로도 특징을 파악하여 판단을 내릴 수 있습니다. 예를 들어 고양이를 한 번도 보지 못한 아이에게 고양이에 대해 알려줄 때, 고양이 사진은 5장 정도만 있어도 충분할 것입니다. 그러면 아이는 사진을 보고 특징을 파악하여 자연스럽게 개, 돼지, 소 등의 다른 동물과 달리 '고양이'를 구분할 수 있습니다.

하지만 AI는 사진 5장만으로는 부족합니다. 일반적으로 (적정한 데이터라면)

데이터양이 많을수록 AI의 정확도는 높아지고, 반대로 양이 적으면 만족할 수 있는 결과를 얻기 어려워집니다.

'합리적이지 않은 판단'을 내리기가 어렵다

AI는 '합리적인 판단' 내리기에 강합니다.

그러나 사람인 경우에는 그 당시의 상태에 따라 판단이 틀려질 수도 있습니다. 그렇지만 컴퓨터는 그날의 날씨나 컨디션에 좌우되지 않고, 항상 가장 합리적이고 효율적인 방법을 선택하도록 되어 있습니다.

그러나 이 말을 다르게 해석하면 AI는 합리적이지 않은 판단을 내리는 데 약하다는 뜻이 됩니다. 미리 '이러한 경우에는 합리적이지 않더라도 ○○을 선택한다' 라는 예외의 규칙을 알려주지 않는 한 AI는 절대로 합리적이지 않은 판단을 내리지 않습니다.

심리학에서 사용되는 예시에 '뷔리당의 당나귀' 라는 유명한 이야기가 있습니다. 대략적인 이야기는 이렇습니다.

어느 날, 배가 고픈 합리적인 성격을 가진 당나귀가 두 갈래 길 한가운데 서 있었습니다. 각각의 길 끝에는 완전히 똑같은 양의 건초 Ⓐ, Ⓑ가 놓여 있습니다. 건초까지의 거리는 완벽히 똑같습니다. 즉, 왼쪽 길을 선택하든 오른쪽 길을 선택하든 결과는 똑같죠. 이때 당나귀는 양쪽 조건이 동일한 관계로 선택을 망설이다가 어느 한쪽의 건초도 선택하지 못한 채 아사하고 맙니다. 이 이야기는 의사결정을 논할 때 자주 인용되는 예시로, AI도 이 당나귀처럼 합리적인 판단이 어려운 상황이 되면 '판단 불가능' 상태에 빠지고 맙니다. 그러나 사람은 바로 어느 한쪽으로 움직일 것입니다.

(합리적으로 생각하는 바람에 어느 쪽도 선택하지 못한다)

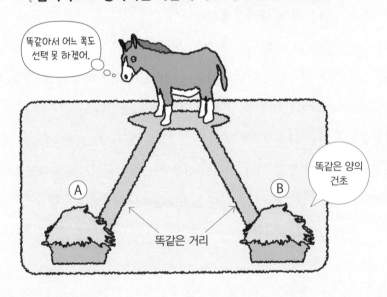

똑같아서 어느 쪽도 선택 못 하겠어.

똑같은 양의 건초

A

B

똑같은 거리

취약점 ❸
문맥에서 의미 파악하기가 어렵다

AI는 문맥에서 의미를 파악하는 데도 약합니다.

예를 들면 공원 벤치에서 여자 2명이 소곤거리며 이야기하는 장면을 떠올려 보십시오. 10분 정도 이야기한 후, 한 여자가 또 다른 여자를 향해 이렇게 말했습니다.

102

"이제 됐어!"

그렇다면 이때 그녀는 어떤 감정으로 '이제 됐어!' 라고 말했을까요?

부드러운 어조로 '이제 충분해' 라는 의미로 말했을까요? 아니면 흥분해서 '그만 좀 하라' 라는 의미로 거절의 말을 했을까요? 어쩌면 두 사람의 비밀을 '다른 사람에게 이야기해도 된다' 라는 의미를 전달했을지도 모릅니다.

이럴 때 사람이라면 이전에 전개된 대화 내용만 알면 '됐다'가 어떤 의미인지 적절하게 판단할 수 있습니다. 하지만 AI는 문맥에서 의미를 파악하는 데 약합니다. 직전 대화 내용을 입력하더라도 '이제 됐어'에 어떤 의미가 포함되어 있는지를 추리하지 못합니다. 그러나 현재는 기술이 발달하여 문맥 파악 문제를 어느 정도 해결하고 있습니다. 특히 초거대 모델들(GPT-3 등)이 만들어지며 굉장히 좋은 성능을 내고 있습니다. 하지만 초거대 모델을 학습시키기 어렵고, 아직 데이터가 많이 필요하다는 취약점이 있긴 합니다.

(글자만으로는 감정을 읽지 못한다)

전후 문맥에 따라 의미가 크게 바뀐다

임기응변에 대응하기가 어렵다

사람이라면 상대방의 감정을 살펴보거나, 목소리 상태를 읽어내거나, 그 자리의 분위기를 파악해가면서 다르게 대응할 수 있지만, AI에게 임기응변에 대응하도록 가르쳐주기는 매우 힘듭니다.

모든 가능성을 상정해서 그 상황에 가장 적합한 대응을 구체적으로 모두 알려줘야 하기 때문입니다.

미국의 철학자 대니얼 데닛 씨는 'AI가 앞으로 할 일과 관련이 있는 내용만 골라내기는 매우 어렵다는 점'을 다음과 같은 '프레임 문제'* 라는 난제를 예시로 들어 설명하겠습니다.

어느 동굴 안에 로봇에게 추가 동력을 줄 수 있는 배터리가 있고, 그 위에 시한폭탄이 설치되어 있습니다. 시간이 지나면 폭탄이 폭발하여 귀중한 배터리가 파괴되면서 로봇도 얼마 안 가 작동이 중지될 것입니다.

그래서 과학자는 AI를 탑재한 로봇 1호에게 '동굴 안에서 배터리를 운반해와라' 라는 명령을 내렸습니다. 그러나 로봇 1호는 무사히 배터리는 운반해왔지만, 배터리와 폭탄을 함께 운반해왔다는 사실을 눈치채지 못한 탓에 동굴에서 나오자마자 폭탄이 폭발하고 말았습니다.

---

* Daniel Dennett <COGNITIVE WHEELS: THE FRAME PROBLEM OF AI>
https://folk.idi.ntnu.no/gamback/teaching/TDT4138/dennett84.pdf

실패한 이유는 로봇 1호가 '배터리를 운반하는 데 부차적으로 발생하는 일 (이 경우에는 폭탄까지 운반하는 일)'을 예측하지 못했기 때문입니다.

이어서 과학자는 어느 행동에 대해 '부차적으로 발생하는 일을 예측하는 능력'을 갖춘 로봇 2호를 개발하여 동굴로 보냈습니다. 하지만 이 로봇 2호 는 배터리 앞에서 정지한 채로 움직이지 않아 시한폭탄이 폭발했습니다.

이유는 배터리를 움직이면 '천장이 무너지지 않을까?', '동굴 속 전기가 끊 어지지 않을까?', '벽의 색이 바뀌지 않을까?' 등과 같이 부차적으로 발생할 일을 끊임없이 생각했기 때문입니다.

그래서 과학자는 목적과 관련 없는 사항을 고려하지 않도록 개량한 로봇 3호를 개발했습니다. 하지만 로봇 3호는 동굴에 들어가기도 전에 움직이지 않았습니다.

목적과 관련 없는 사항을 모두 가려내기 위해 끊임없이 생각했기 때문입 니다.

즉, 관련이 있다고 추측하든, 관련이 없다고 추측하든, 로봇은 추측의 무 한 반복에 빠질 가능성이 있다는 뜻입니다. 사람이라면 관계 유무를 순식간 에 판단할 수 있었겠죠.

딥러닝을 통해 사람의 신경망과 비슷하게 처리할 수 있게 되었지만, 안타 깝게도 이 '프레임 문제'는 여전히 해결되지 않고 있습니다.

지금까지의 설명을 통해 AI의 취약점을 어느 정도 파악했을 것입니다.

따라서 AI 프로젝트를 제대로 진행시키려면 AI의 취약한 부분을 잘 피해야만 합니다. 그러면 경험을 쌓고 지식을 늘려나가면서 '이건 힘들겠다' 라는 정도는 예측할 수 있게 될 것입니다.

AI 프로젝트의 기획을 세울 때는 이처럼 'AI의 취약점'을 고려해 주십시오.

(프레임 문제 = AI 로봇이 배터리를 운반한다)

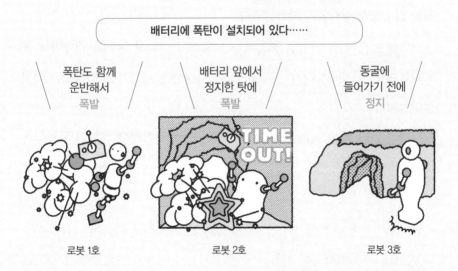

배터리에 폭탄이 설치되어 있다⋯⋯

폭탄도 함께
운반해서
폭발

배터리 앞에서
정지한 탓에
폭발

동굴에
들어가기 전에
정지

로봇 1호   로봇 2호   로봇 3호

제 **3** 장

[기획력]
가설과 현장의 목소리를
형상화한다

어디에 AI를 사용할 것인가?

AI 프로젝트의 목표는
효율화(업무 개선) 또는
새로운 콘텐츠?

AI 프로젝트의 목표는 2가지 중 하나이다

지금까지 AI란 무엇인가에 대해 살펴봤습니다. 제3장부터는 AI 프로젝트를 기획해서 진행해나가는 방법을 소개하고자 합니다. 또한 문과 계열 AI 인재가 기획력을 익힐 수 있는 방법을 알려줍니다.

여기에서 요구되는 기획력이란 아이디어를 가설로 연결 짓는 능력을 말합니다. 자사의 비즈니스 모델을 잘 파악하고 있는 문과 계열 AI 인재라면 어느 부분에 AI를 도입하면 좋을지를 어느 정도는 상상할 수 있을 것입니다.

머리 속으로 그려진 불분명한 상상을 구체적인 아이디어로 바꿔서 최종적으로 가설을 세울 수 있도록 하는 것이 이 책의 목표입니다.

우선 본격적으로 시작하기 전에 AI 프로젝트의 목표를 다시 확인해 봅시다. 제1장에서 소개했듯이 AI 프로젝트의 목표는 효율화(업무 개선) 또는 새로운 콘텐츠(이익 추구)의 2가지 입니다.

첫 번째 목표인 효율화는 여러분 회사의 현재 업무를 개선하여 효율을 높이는 것입니다.

예를 들면 아래와 같은 업무에서 AI의 도입을 검토할 수 있죠.

- 사내의 서류 신청 작업을 자동화한다.
- 재무 데이터를 통한 경영 분석을 자동화한다.
- AI가 인간의 육안 검사 작업을 대신한다.

예전처럼 인간이 모든 업무를 하는 것이 아닌 AI를 중심으로 이루어지는 시스템을 도입하여 지금보다 단시간 안에 정해진 업무를 처리할 수 있게 되면 그만큼 여러분이나 주변인들의 업무가 훨씬 편해지게 됩니다.

두 번째 목표인 '새로운 콘텐츠'는 '혁신'으로도 바꿔서 표현할 수 있습니다.

예를 들어 다음과 같은 콘텐츠를 말합니다.

- 마트에서 바구니에 담기만 해도 상품의 개수와 종류를 읽어내서 결제해주는 시스템
- AI로 해충을 발견하여 부분적으로 농약을 살포해주는 드론
- 양식장에 있는 물고기의 식욕을 분석해주는 먹이 제공 장치

AI 프로젝트가 성공하면 지금까지 실현하지 못했던 새로운 상품과 서비스가 생겨나 새로운 수익이 창출됩니다.

다시 말하자면 여러분의 직종과 업태가 무엇이든 간에 AI 프로젝트는 바로 이 두 가지를 목표로 삼는 것입니다.

여기서 알아둘 것 중 하나는 AI는 '수단'이지 '목적'이 아니라는 것입니다. 따라서 AI를 사용하지 않더라도 새로운 콘텐츠나 효율화만 실현할 수 있으면 구태여 많은 비용을 들여가면서까지 AI를 구축할 이유가 없습니다.

그렇기 때문에 무조건적으로 업무에 AI 사용을 목적으로 삼을 필요는 없습니다. 불필요하다고 생각될 때는 과감하게 방향을 전환해도 됩니다.

처음에는 AI 프로젝트로 시작했지만, 일반적인 프로그램만으로 목적을 달성할 수 있는 경우도 있습니다.

AI 프로젝트의 대략적인 흐름을 확인하자

다음 페이지의 도표는 AI 프로젝트의 흐름을 알기 쉽게 그림으로 풀이한 것입니다.

제3장에서는 자사의 비즈니스를 배경으로 기획을 만들어내는 능력을 익힙니다. 제4장에서는 데이터를 분석하여 정리하는 능력을 익힙니다. 제5장에서는 AI 개발을 관리하는 능력(추진력)을 익힙니다.

또한, 제2장에서 배운 AI 관련 기초 지식은 모든 장에서 도움이 될 것입니다.

이 책을 읽는 도중에 '어느 부분을 설명하고 있는지' 이해되지 않을 때는 이 그림을 다시 확인해 주십시오.

(AI 프로젝트 도표)

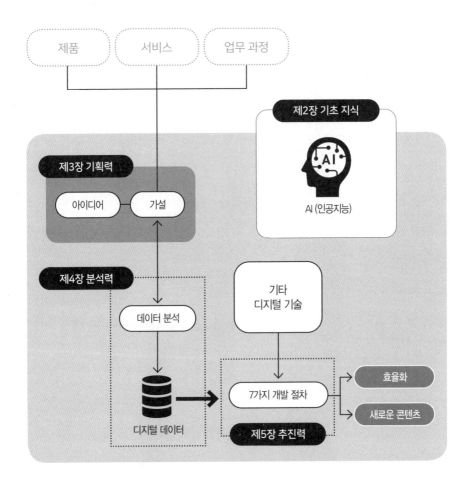

제품　　서비스　　업무 과정

제2장 기초 지식

AI (인공지능)

제3장 기획력

아이디어　가설

제4장 분석력

데이터 분석

기타
디지털 기술

디지털 데이터

7가지 개발 절차

제5장 추진력

효율화

새로운 콘텐츠

AI 프로젝트의 중요한 핵심

- 단지 AI 사용만을 목적으로 삼지 않는다.
- 평소 업무에서 AI를 적용할 과제를 가려낸다.
- 효율화와 새로운 콘텐츠 중 어느 쪽이 적합한지를 생각한다.

AI로 어떤 과제를
해결하고 싶은가?

업무 과제를 발견해내는 3가지 질문

AI 프로젝트의 기획을 생각할 때는 우선 'AI로 무엇을 실현하고 싶은지'를 분명히 해야 합니다.

'그냥 AI라면 가능할 거 같다', 'AI를 사용해 보고 싶다' 라는 등의 이유로 프로젝트를 시작하면 도중에 진행하기 힘들어집니다. 목표가 애매한 상태에서는 개선도, 수정도 제대로 해낼 수 없기 때문입니다.

여기에서는 목표(효율화 또는 새로운 콘텐츠)를 더욱더 구체적인 형태로 구현시키는 것을 '과제' 라고 부르겠습니다.

여러분의 직장에 존재하는 과제는 문과 계열 AI 인재인 여러분이 가장 잘 알고 있을 것입니다. 회사의 제품, 서비스, 업무 과정을 객관적으로 되돌아 보면서 AI로 적용하고 싶은 우선 과제를 가려내 봅시다.

그러기 위해 다음의 3가지 질문에서 시작해 보기로 합니다.

질문 ① = 매일 업무 중에 곤란했던 점은 무엇인가?

질문 ② = 우리 회사의 강점은 무엇인가?

질문 ③ = 실현되면 흥미로우리라 생각되는 점은 무엇인가?

질문에 대한 대답이 떠올랐다면 노트에 적어 봅시다.

질문 ①의 대답을 통해서는 여러분의 업무에서 개선할 부분을 알 수 있습니다. 곤란했던 점을 AI로 해결하면 업무 효율이 올라가므로 이 경우의 AI 프로젝트의 목표는 '효율화'입니다.

질문 ②의 대답을 통해서는 AI를 이용하여 회사의 강점을 늘릴 방법을 생각해낼 수 있습니다. 그러면 강점을 살려줄 상품과 서비스를 새롭게 개발해서 추가적인 이익을 얻을 수 있을지도 모릅니다.

질문 ③의 대답을 통해서는 새로운 비즈니스 계획을 떠올릴 수 있을 수도 있습니다.

질문 ②, ③의 경우 AI 프로젝트의 목표는 '새로운 콘텐츠'입니다.

3가지 질문에 모두 대답할 필요는 없습니다. 대답하기 힘든 질문이 있다면 넘겨도 괜찮습니다. 그러다가 대답이 생각나면 가장 와닿는 대답을 하나 선택해 주십시오. 그것이 AI 프로젝트의 과제가 되는 것입니다.

과제가 정해지면 그것을 해결하기 위한 방법을 찾아서 프로젝트의 목표를 정합니다.

그리고 'AI한테 무슨 일을 시킬지' 질문을 던져서 AI의 역할도 정합니다. 예시를 들어 조금 더 구체적으로 설명해보도록 하겠습니다.

(과제를 발견해내는 3가지 질문)

질문 ❶ 매일 업무 중에 곤란했던 점은 무엇인가?

질문 ❷ 우리 회사의 강점은 무엇인가?

질문 ❸ 실현되면 흥미로우리라 생각되는 점은 무엇인가?

콜센터의 인력 부족을 해소하고 싶다

통신 판매 사이트의 콜센터에 근무하는 A 씨. 직원은 그녀 외에 9명이 있지만 항상 인력이 부족합니다. 이직자도 많고, 새로운 인재를 뽑더라도 만성적인 인력 부족 상황은 쉽게 개선되지 않았습니다. 그래서 A 씨는 AI 프로젝트를 회사에 제안하여 이 상황을 개선하고 싶었습니다.

A 씨는 앞선 3가지 질문에 다음과 같이 대답했습니다.

질문 ❶ = 매일 업무 중에 곤란했던 점은 무엇인가?

→ 만성적인 인력 부족 때문에 고민이다.

질문 ❷ = 우리 회사의 강점은 무엇인가?

→ 콜센터로서의 실적과 신뢰

질문 ❸ = 실현되면 흥미로우리라 생각되는 점은 무엇인가?

→ 로봇이 콜센터의 업무를 맡는다.

가까운 미래에 질문 ③의 대답처럼 '전원 로봇화'도 불가능하지는 않겠지만, 현재까지의 기술로는 콜센터 상담원처럼 임기응변으로 손님을 대응하기는 어렵습니다.

그래서 여기에서는 최대 고민인 '만성적인 인력 부족 해결'을 과제로 삼으려 합니다. 그렇다면 이러한 과제를 해결하기 위해 구체적으로 어떻게 하면 좋을까요?

만성적인 인력 부족 문제의 해결책으로는 다음의 2가지를 생각해 볼 수 있습니다.

해결책 ➊ 구인 광고를 통해 직원 수를 늘린다.

해결책 ➋ 직원의 업무량을 줄인다.

'해결책 ① 직원 수 늘리기'를 위해 AI를 사용하기는 어렵습니다. 또한, 직원 수를 늘리면 그만큼 인건비도 늘어나므로 꼭 좋은 결과라고 볼 수는 없습니다

그렇다면 '해결책 ② 업무량 줄이기'는 어떨까요? AI가 업무의 일부를 도와주면 직원 한 명당 업무량이 줄어들 수 있으므로 결과적으로 인력 부족을 해소할 수 있습니다. 결국 이번 AI 프로젝트의 과제는 '고객 지원 업무량을 줄이기'가 될 것입니다.

과제를 결정했으면 그 과제에서 AI에게 무슨 일을 시킬지(AI의 역할)를 정해야 합니다.

A 씨는 이 단계에서 콜센터에 상담하는 고객의 질문을 조사해 봤습니다.

조사를 해보았더니 전체 질문의 절반을 넘는 내용이 홈페이지 FAQ에 게재되어 있는 '자주 하는 질문'이라는 사실을 깨달았습니다. 따라서 '자주 하는 질문'을 AI가 처리할 수 있다면 직원의 업무량을 줄일 수 있을 것입니다. 그래서 AI의 역할을 '고객 응대 업무를 일부 대행하기'로 정했습니다.

그리고 AI의 역할을 더 구체적으로 알아보면서 AI 프로젝트의 목표를 정했습니다.

AI는 복잡한 질문에 대답하기는 어렵겠지만, FAQ에 있는 '자주 하는 질문'이라면 대응할 수 있습니다. 그래서 A 씨는 '자주 하는 질문에 대한 자동 응답 시스템 개발'을 목표로 설정했습니다.

이처럼 구체적인 목표를 설정할 수 있으면 AI 프로젝트가 도중에 산으로 가는 일은 없을 것입니다.

(3가지 질문으로 AI 프로젝트의 목표를 정한다)

질문 ❶ 매일 업무 중에 곤란했던 점은 무엇인가?
　　　고객 지원 업무량을 줄인다.

질문 ❷ 우리 회사의 강점은 무엇인가?
　　　콜센터로서의 실적과 신뢰

질문 ❸ 실현되면 흥미로우리라 생각되는 점은 무엇인가?
　　　로봇이 콜센터의 업무를 맡는다.

세분화를 통해
과제에서
목표를 결정!

AI 프로젝트의 과제

고객 지원 업무량을 줄인다.

AI한테 무슨 일을 시키고 싶은가? = AI의 역할

고객 응대 업무를 일부 대행한다.

AI 프로젝트의 목표

자주 하는 질문에 대한 자동 응답 시스템 개발

AI 프로젝트의 목표를 정하기 위한 핵심

● 3가지 질문에서 얻은 현실적인 과제를 하나 선택한다.
● AI를 어느 부분에 사용하면 과제를 해결할 수 있는지를 생각한다.
● 과제의 해결 = AI 프로젝트의 목표로 한다.

결론부터 생각한 후에
전체를 한 번에 파악한다

3단계로 가설을 세운다

지금까지 AI 프로젝트의 목표를 세우는 절차를 소개했습니다. 이제부터는 프로젝트의 목표를 향해 가설을 세우는 절차를 설명하고자 합니다.

비즈니스에서 가설이란 가장 신뢰할 수 있다고 생각되는 임시 답안을 의미합니다. 컨설턴트의 업무 기술을 통해 생겨난 '가설 사고'의 개념을 기준으로 삼죠.

일반적인 비즈니스에서는 자료 수집에 시간을 투자하면서 신중하게 기획을 세우기보다는 먼저 가설을 세운 후 궤도를 수정하면서 진행해 나가야 결과적으로 단시간에 올바른 결론에 도달할 수 있습니다.

AI 프로젝트에서도 처음에 가설을 세우긴 하지만, 이 경우 '확률'을 크게 신경 쓸 필요는 없습니다. AI의 경우, 학습시켜 보지 않으면 알 수 없는 부분도 많으니 다양한 시도를 통해 궤도를 수정하는 방식이 더 적합합니다.

그러면 실제로 3단계로 가설을 세워 봅시다.

> **1단계** 　 AI 작업에서 추리한다.
> **2단계** 　 AI 기술에서 추리한다.
> **3단계** 　 목표를 이미지화한다.

1단계에서는 제2장에서 소개했던 기계학습 삼형제가 다시 등장합니다. AI의 학습법에서 '도움이 되는 작업이 없는지'를 추리하는 방법을 알려드리겠습니다.

2단계에서는 AI가 잘하는 기술 중에 '사용할 수 있는 기술은 없는지'를 추리합니다. AI가 잘하는 기술을 사람의 신체 기능에 비유하여 설명하면서 생각의 크기를 넓힐 수 있도록 도와드립니다.

마지막은 3단계입니다. AI 프로젝트의 목표를 다시 한번 검토해서 어떤 성과가 나올지를 생각해서 그려봅시다.

('가설 사고'가 특별한 이유는?)

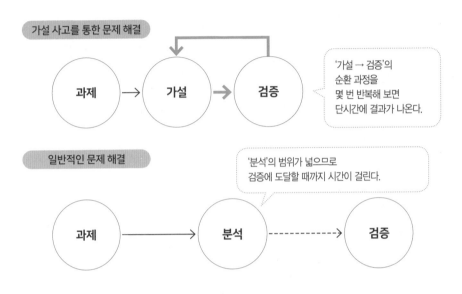

가설 사고를 통한 문제 해결

과제 → 가설 → 검증

'가설 → 검증'의
순환 과정을
몇 번 반복해 보면
단시간에 결과가 나온다.

일반적인 문제 해결

'분석'의 범위가 넓으므로
검증에 도달할 때까지 시간이 걸린다.

과제 ──────→ 분석 ╌╌╌╌╌→ 검증

AI의 '작업'과 '기술'을 구분해서 생각해본다

"1단계의 '작업'과 2단계의 '기술'은 무엇이 다른가?" 라는 의문이 들었을 분들을 위해 잠시 설명해 드리겠습니다.

부품 공장에서 일하며 불량품을 검출하는 로봇을 상상해 보십시오.

로봇은 컨베이어 벨트로 지나가는 부품을 합격품과 불량품으로 분별합니다. 로봇은 내장된 카메라로 화상 데이터를 얻어내 불량품을 검출한 후 그 불량품을 집어내 자루 속에 넣습니다.

그 일련의 동작 중에 '합격품과 불량품으로 분별'하는 과정을 '작업'이라고 부르며, '장착된 카메라로 화상 데이터를 얻어내 불량품을 검출'하는 부분을 '기술'이라고 부르죠.

AI에 관해 설명할 때 이러한 작업과 기술이 구별되어 있지 않은 경우가 많은데 다음과 같이 나눠서 생각해보면 확실히 구분해서 이해하기 쉽습니다.

● 작업 = 업무 …… 어떤 일을 하는가?
● 기술 = 능력 …… 어떤 능력이 있는가?

그러면 1단계의 '작업'부터 순서대로 설명해 보겠습니다.

(로봇의 기술은 '화상 인식', 작업은 '분별'하기)

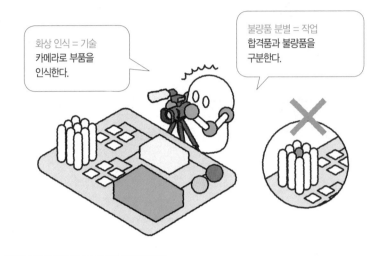

불량품을 검출하는 로봇의 기술

AI의 기술	카메라로 화상 데이터를 인식한다. = 화상 인식	여기까지가
AI의 작업	인식한 화상 데이터를 판정하여 합격품과 불량품을 구분한다.	AI 시스템
로봇 공학의 기술	불량품을 파악하여 제거한다.	

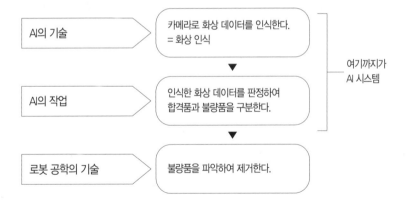

기술과 작업을 구분하여 생각하는 비결

- 기술은 AI가 '갖추고 있는 능력이 무엇인지'를 생각해본다.
- 작업은 AI의 기술을 사용해서 '어떤 업무를 시킬지'를 생각해본다.

1단계

AI의 '작업'에서 추리한다

AI가 잘하는 작업에 초점을 맞춰 생각해본다

원하는 AI를 개발하려면 맨 먼저 여러분이 생각했던 AI 프로젝트의 목표를 어떤 방법으로 구축할 것인지를 결정해야 합니다. 그러기 위해 제2장에서 배운 기계학습 각각의 특징에 대해 다시 한번 정돈해보기로 합니다.

- 장남 …… 지도형 기계학습
- 차남 …… 비지도형 기계학습
- 삼남 …… 강화학습

삼형제가 잘하는 작업을 다시 한 번 복습해 보고자 합니다.

우측의 표를 보면서 각각의 특징을 다시 한번 확인해 봅시다.

이 표는 기계학습 삼형제의 '잘하는 작업', '언제 사용하는가?', '언제 도움
이 되는가?'를 정리한 표입니다. 순서대로 설명하겠습니다.

지도형 기계학습

❶ 분류

장남인 '지도형 기계학습'이 잘하는 작업은 '분류'와 '예측'이었습니다.

'분류'는 사전에 정해둔 몇 가지 라벨로 데이터를 구분하는 작업입니다. 전
자 메일의 메일 소프트웨어에서 스팸 메일 판정 기능, 문의 대응 업무의 자
동화, 공장의 컨베이어 벨트로 지나가는 부품 중에서 불량품을 검출하는 시
스템 등이 그 대표 예시죠. 지도형 기계학습으로 학습하여 패턴을 읽을 수
있게 되면 대상을 몇 가지로 분류할 수 있습니다.

(기계학습 삼형제가 잘하는 작업을 외워두자)

기계학습의 이름	학습법	언제 사용하는가?	언제 도움이 되는가?
지도형 기계학습	분류	데이터를 몇 가지로 분류하고 싶을 때	• 메일 소프트웨어의 스팸 메일 판정 기능 • 문의 대응 업무의 자동화 • 부품의 불량품 자동 검출 시스템
	예측	연속되는 데이터를 예측하고 싶을 때	• 주가의 동향을 예측하는 시스템 • 맥주 매출을 예측하는 시스템 • 농작물의 수확 시기를 예측하는 시스템
비지도형 기계학습	클러스터링	데이터를 몇 가지 그룹으로 정리하고 싶을 때	• 자사의 상품 포지셔닝 분석 • '단골 고객' 그룹에 혜택 제공 • 온라인 쇼핑몰의 추천 시스템
	차원 축소	수많은 데이터에서 중요한 데이터를 추출하여 정리하고 싶을 때	• 데이터의 정보량을 압축하고 싶을 때 • 데이터의 경향을 시각화하고 싶을 때
강화학습	행동 패턴 학습	어떤 상태에서 행동 규칙을 정하고 싶을 때	• AI를 탑재한 바둑 소프트웨어 • 인간에게 좋은 인상을 심어주는 안내 로봇 • 걷는 방법을 스스로 익히는 보행 로봇

AI의 작업으로 가능할 만한 것을 찾아내는 비결

- 지도형 기계학습의 '분류'는 가장 이용 빈도가 높다.
- 비지도형 기계학습은 학습 데이터를 준비할 수 없을 때 검토한다.
- 여러 가지 작업을 조합할 수도 있다.

❷ 예측

'예측'이란 연속된 데이터(연속값)에서 미래의 수치를 예측하는 작업입니다.

예를 들면 내일의 주가, 다음 주의 맥주 매출, 올해의 농작물 수확 시기 등

연속된 데이터의 흐름을 읽고 어떤 수치가 될지를 예측합니다.

❸ 클러스터링

차남인 '비지도형 기계학습'이 잘하는 작업은 '클러스터링'과 '차원 축소'입니다.

'클러스터링'은 데이터를 몇 가지 그룹으로 정리하는 작업입니다.

이 작업은 마케팅에서 자사 상품의 포지셔닝(소비자가 자사의 제품을 유리하게 인식할 수 있도록 하는 것)을 분석할 때 이용됩니다. 또한 고객 중에서 '단골 고객' 그룹을 찾아내 캠페인을 벌이거나 선행 판매를 진행할 때도 사용할 수 있습니다.

추가적으로 온라인 쇼핑몰의 구매 이력을 파악하여 클러스터링을 진행하면 같은 그룹에 속해 있는 고객이 구매한 상품도 추천해줄 수 있습니다.

❹ 차원 축소

차남인 비지도형 기계학습은 '차원 축소'에도 강합니다. 즉, 수많은 데이터 중에서 중요한 데이터를 추출하여 이해하기 쉽게 정리할 수 있습니다.

기계학습에서는 정보량을 줄이고 본질적인 데이터의 구조를 이해하기 쉽게 표현하기 위해서 '차원 축소' 라는 방법을 사용합니다. 여기서 말하는 '차원'이란 데이터의 항목수를 의미합니다.

제2장의 학력 시험 예시에서 설명했듯이 특정 목적을 위해 불필요한 데이터 항목을 정리하고 요약하기 위한 방법입니다(82쪽 참조).

예를 들어 빅데이터를 다룰 때, 항목수가 너무 많으면 다루어야 할 파라미터의 수가 너무 많이 늘어나서 처리하기 힘들어집니다. 그럴 때 '차원 축소' 기법을 실행하면 전체 정보량도 줄어들어 그만큼 컴퓨터가 쉽게 처리할 수 있게 됩니다.

또한 3차원 이하로 차원을 축소하면 그래프나 그림으로 치환하여 시각화할 수 있어 보다 수월하게 사람이 직감적으로 데이터의 경향을 읽을 수 있도록 해줍니다.

강화학습
❺ 행동 패턴 학습

마지막으로 삼남 '강화학습'입니다.

강화학습이 잘하는 작업은 '행동 패턴 학습'입니다. 삼남은 제2장에서 설명했듯이 '보상'을 받으면 점점 똑똑해집니다. 예를 들어 바둑이나 장기 AI의 경우 어느 시점에서 승리로 이어질 가능성이 가장 높은 수순을 선택하면 보상을 받습니다.

또 다른 예로 접수처에 있는 안내 AI 로봇이 고객에게 좋은 인상을 주는 행동(답변, 자세)을 할 때에만 계속해서 보상을 주면, 모두에게 좋은 인상을 주는 로봇이 되는 방법을 스스로 학습합니다.

이와 같이 좋은 인상을 주는 행동을 가능한 한 많이 반복하도록 학습하면 안내 로봇의 평판은 나날이 좋아질 것입니다.

또는 다리 관절의 각도나 속도를 학습하여 능숙하게 걷는 방법을 익힌 보행 로봇 등에도 강화학습이 이용됩니다.

지금까지 기계학습 삼형제가 잘하는 작업을 소개했습니다.

여기까지 읽으면서 'AI에게 이 작업과 비슷한 것을 시키면 되겠다' 등과 같은 아이디어가 떠오르신 분들은 노트 여백에 그 내용을 적어 두십시오.

아직 아이디어가 떠오르지 않았다고 해도 걱정하지 마십시오.

기계학습 삼형제는 대표적인 학습모델이지만, '여러분이 하고 싶은 일'에 딱 들어맞기는 힘들 수도 있습니다. 아직 떠오르지 않았다면 다음 단계로 넘어가 주십시오.

(좋은 인상을 준 답변이나 자세로 높은 득점을 부여하면 보상을 준다)

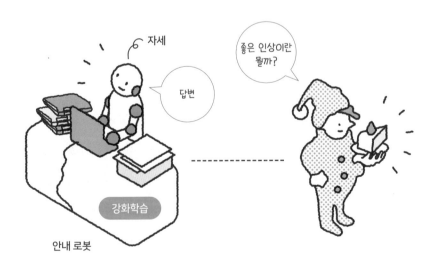

화상 인식이나 음성 인식은 다양한 용도로 사용된다

이어서 2단계로 넘어가 봅시다.

여러분이 업무에 적용하고자 하는 AI 기술에 대해 아직까지 기계학습 삼형제가 잘하는 작업에 딱 들어맞는 것이 없었어도 실망하지 말고 다음에 이어질 내용을 읽어 주시기 바랍니다. 지금부터는 AI가 잘하는 기술을 분류하여 그것을 통해 AI의 기술을 추리하는 방법을 설명해 드리겠습니다.

AI의 기술(AI로 실현할 수 있는 기술)은 많이 있습니다. 예를 들어 화상 인식은 물체를 카메라로 보고 그것을 어떠한 이미지(화상)로 인식하는 기술로, 사람의 눈처럼 작동한다고 생각하면 됩니다.

또한 사람의 음성을 인식하여 글자로 변환하는 음성 인식이라는 기술도 있습니다. 이것은 사람의 귀와 같이 작동한다고 생각하면 됩니다.

화상 인식과 음성 인식이 포함된 대표적인 AI 기술은 다음과 같습니다.

- 추천
- 화상 인식
- 음성 인식
- 화상 생성

- 문장 해석
- 문자 인식
- 챗봇
- 기계 번역

- 수요 예측
- 이상 감지
- 음성 합성
- 자율 주행

우측 페이지의 'AI의 기술 목록'을 살펴봐 주시기 바랍니다.

이 표에서는 좀더 이해하기 쉽도록 주요 AI의 기술을 사람의 신체 부위에 비유해 보았습니다.

이렇게 정리해 놓으면 '이런 것도 가능하려나?' 라며 생각의 크기를 키울 때 아주 편리합니다. 즉, 자신의 신체 기능에 비유하여 추리해보면 이해가 쉬워 '어떤 기술을 사용해야 할지'를 예측하는데 많은 도움이 되기 때문입니다.

(AI의 기술 목록)

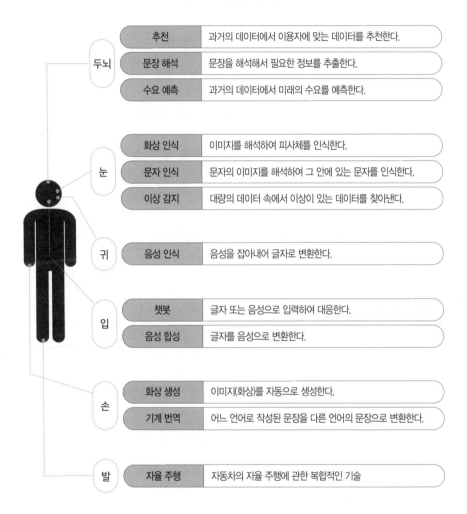

두뇌	추천	과거의 데이터에서 이용자에 맞는 데이터를 추천한다.
	문장 해석	문장을 해석해서 필요한 정보를 추출한다.
	수요 예측	과거의 데이터에서 미래의 수요를 예측한다.
눈	화상 인식	이미지를 해석하여 피사체를 인식한다.
	문자 인식	문자의 이미지를 해석하여 그 안에 있는 문자를 인식한다.
	이상 감지	대량의 데이터 속에서 이상이 있는 데이터를 찾아낸다.
귀	음성 인식	음성을 잡아내어 글자로 변환한다.
입	챗봇	글자 또는 음성으로 입력하여 대응한다.
	음성 합성	글자를 음성으로 변환한다.
손	화상 생성	이미지(화상)를 자동으로 생성한다.
	기계 번역	어느 언어로 작성된 문장을 다른 언어의 문장으로 변환한다.
발	자율 주행	자동차의 자율 주행에 관한 복합적인 기술

AI의 기술로 가능할 만한 것을 찾아내는 비결

- 두뇌, 눈, 귀, 입, 손, 발의 5가지 부위에서 연상하여 생각해본다.
- 각 부위가 어떤 기술을 갖고 있는지를 생각해본다.

콜센터의 자동 음성은 어떻게 만들어졌을까?

예를 들어 앞서 예시로 다루었던 콜센터에 근무하는 A 씨의 과제는 고객 지원 업무량 줄이기였습니다. 그에 대한 AI 프로젝트의 목표는 자주 하는 질문에 대한 자동 응답 시스템 개발이었죠.

이러한 과제와 목표를 확인한 후에 'AI의 기술 목록'을 다시 살펴봅시다.

어떤 기술을 활용하면 좋을까요?

'자주 하는 질문에 대답하는 자동 응답 시스템'이므로 입 부위와 관련되어 있는 '챗봇'과 많은 관련이 있을 것입니다.

챗봇에는 다양한 종류가 있지만, 가장 간단한 형식은 고객이 문장을 입력하면 AI가 문장으로 응답해주는 시스템입니다.

고객이 입력한 문장을 판정하여 적절한 문장으로 대답해주는 시스템을 만들면 '자주 하는 질문에 대한 자동 응답 시스템 개발'이라는 목표를 달성할 수 있을 것입니다.

단, 최종적으로 AI가 음성으로 응답해주는 정도의 시스템을 만들려면 기본적인 챗봇에 몇 가지 기술을 추가해주어야만 합니다.

예를 들어 고객의 목소리를 분석하여 문장으로 변환하는 음성 인식과 고객에게 대답해줄 문장을 음성으로 변환하는 음성 합성 기술이 필요합니다.

그래서 문장으로만 대응할지, 음성으로도 대응할지는 일단 보류해두더라도, 다음의 3가지 기술이 필요하다는 사실을 도출해냈습니다.

- 챗봇
- 음성 인식
- 음성 합성

이와 같이 사용자가 원하는 기능에 따라 시스템 구성은 바뀝니다. 시스템 구성에 관해서는 AI 엔지니어와 상담하여 정하는 것이 좋으니 여기에서는 '사용할 수 있을만한 기술'만 추리도록 하겠습니다.

이를 바탕으로 신체 부위로 비유하여 생각해보면 AI 시스템 중에서 어느 기술이 메인이 될지 예측할 수 있게 됩니다.

(음성으로 대화하는 로봇에는 3가지 시스템이 필요하다)

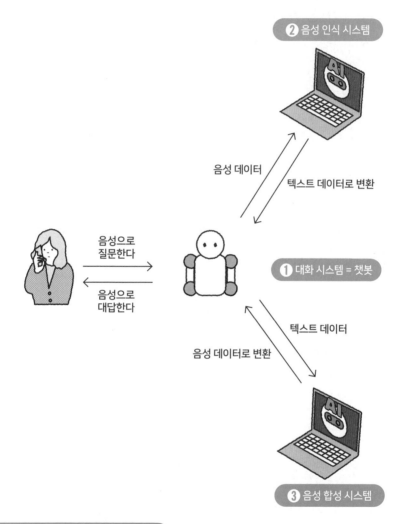

2 음성 인식 시스템

음성 데이터

텍스트 데이터로 변환

음성으로
질문한다

음성으로
대답한다

1 대화 시스템 = 챗봇

텍스트 데이터

음성 데이터로 변환

3 음성 합성 시스템

AI 시스템의 구성을 생각할 때의 핵심

● 한 가지 시스템에 여러 가지 AI가 필요한 경우가 있다.

● AI의 기술을 세분화하여 생각해보는 것이 중요하다.

3단계

목표를 이미지화한다

입력부터 출력까지의 흐름을 정리한다

1, 2단계에서는 AI의 작업과 기술에서 '어떤 AI가 될지'를 추리하는 방법을 설명했습니다.

AI 작업에 대한 전체적인 개념은 아직 확실하게 잡지 못했을지라도 관련 AI 기술들을 신체 부위에 비유하면서 살펴봄에 의해 어느 정도 기본적인 윤곽은 이해되기 시작했을 것입니다.

가설의 마무리에 해당하는 3단계에서는 AI 시스템의 전체상을 그려보기

로 합니다. 주어진 목적에 충실하기 위해 상품이나 서비스의 세세한 부분은
생략하기로 합니다.

기입할 항목은 다음의 3가지입니다.

● 입력

● 기계학습의 학습모델

● 출력

처음에 '입력'을 기입하고 이어서 '출력'을 기입하면, 그 사이에 있는 '기계
학습의 학습모델'로 어떤 처리를 진행하면 좋을지를 예측하는 것이 가능해
집니다. 만약 '기계학습의 학습모델'이 전혀 떠오르지 않는다고 해도 고민할
필요없이 일단 빈칸으로 둔 다음에, 이 그림을 AI 엔지니어에게 보여주며 상
담해 보세요. 입력과 출력이 정해져 있으면 AI 엔지니어가 학습모델을 제안
해 줄 것입니다.

과제나 목표의 언어화도 중요하지만, 이렇게 그림으로 만들어보면 가능한
점과 불가능한 점이 명확해집니다. 당신은 한 가지 AI로 가능할 것이라고 생
각했는데 AI 엔지니어와 이야기하다 보면 실제로는 두 가지의 AI를 조합해
야만 실현할 수 있다는 사실을 깨닫는 경우도 있을 것입니다.

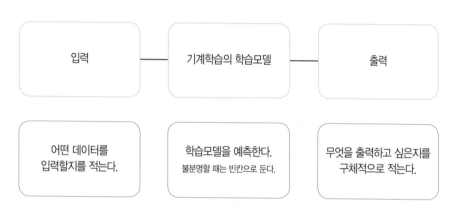

(**입력부터 출력까지 이미지화한다**)

입력	기계학습의 학습모델	출력
어떤 데이터를 입력할지를 적는다.	학습모델을 예측한다. 불분명할 때는 빈칸으로 둔다.	무엇을 출력하고 싶은지를 구체적으로 적는다.

또한 IoT나 센서 등의 다른 디지털 기술과 조합할 필요가 있다는 사실을 알게 되는 경우도 있습니다.

그렇기 때문에 문과 계열 AI 인재와 AI 엔지니어가 이 단계에서 상담을 진행하는 것이 매우 중요합니다.

처음에는 변변치 않은 그림이라도 상담을 받으면서 보완해가다 보면 서로 간에 구체적인 이미지를 공유할 수 있게 됩니다. 몇 차례의 수정을 거치면서 이 단계에서 눈으로 볼 수 있는 형태로 가설을 만들어 둡시다.

그래서 이 그림을 실제로 사용할 AI 시스템과 가까운 형태로 완성할 수 있게 되면 다음에 소개할 고객 여정 지도(145쪽 참조)도 제작이 가능합니다.

(자주 하는 질문에 대한 자동 응답 시스템 개발하는 경우)

입력	기계학습의 학습모델	출력

통신 판매 사이트
글자 또는
음성을 통한
고객의 질문

지도형 기계학습
– 챗봇
– 음성 인식
– 음성 합성

통신 판매 사이트
글자 출력
(정확한 대답)

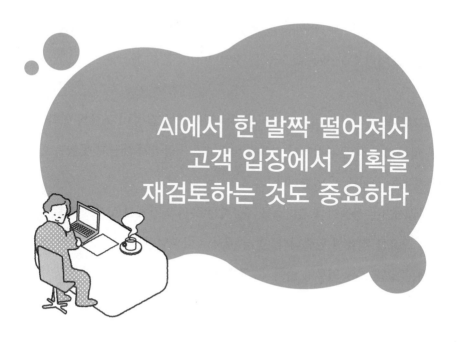

AI에서 한 발짝 떨어져서
고객 입장에서 기획을
재검토하는 것도 중요하다

고객 여정 지도
고객의 도달 과정과 행동을 가시화한다

AI 시스템의 이미지가 어느 정도 정해졌다면 고객의 시점에서 생각해 봅
시다.

여러분의 상품이나 서비스가 일반적인 고객을 대상으로 하는 경우, 고객
여정 지도(Customer Journey Map, 이하 CJM으로 표기)를 묘사해보시기 바랍니다.
CJM은 서비스나 상품과의 관계 속에서 고객에게 도달해 나가는 과정을 시각화한 지도입니다. 마케팅 분야에서 자주 이용되는 유명한 사고 분석 수단이므로 이미 알고 있는 분도 많을 것입니다.

고객은 상품이나 서비스를 받아들이는 과정에서 '감정'이 조금씩 변화합니다. 따라서 고객의 시점에서 전체를 바라보면 지금까지 깨닫지 못했던 '부족한 부분'을 찾아낼 수 있습니다.

지금까지는 상품이나 서비스를 제공하는 쪽의 입장에서 AI 프로젝트의 과제나 목표를 검토해 왔습니다. 앞서 예시로 다루었던 콜센터 A 씨의 경우, 과제는 '고객 지원 업무량 줄이기', 목표는 '자주 하는 질문에 대한 자동 응답 시스템 개발'이었습니다.

이러한 과제와 목표는 모두 개발하는 쪽의 입장에서 생각한 것입니다. 잘못된 방법은 아니지만, 여기에는 '고객의 시점'이 빠져 있습니다.

만약 자동 응답 시스템이 완성되어서 직원들의 업무량이 줄었더라도 이용하는 고객의 평판이 안 좋으면 아무 소용이 없습니다.

그래서 이 시점에서 CJM 제작이 중요합니다.

그리고 CJM을 가장 능숙하게 제작할 수 있는 사람은 문과 계열 AI 인재인 여러분입니다. AI 컨설턴트도 AI 엔지니어도 어지간해서는 잘 만들어내지 못합니다. 여러분만큼 업무의 진정한 핵심을 파악하지 못하고 있을 수 있기 때문입니다.

인터넷에는 다양한 CJM 서식이 준비되어 있습니다. '고객의 행동', '고객의 생각', '고객의 감정', '과제' 등 상품이나 서비스를 이용할 때까지의 과정을 몇 가지 단계로 나눠서 세세하게 적어야 하는 경우도 있습니다. 여기에서는 간단하게 제작하는 방법을 설명하고자 합니다.

만약 본격적으로 CJM을 제작하고 싶다면 여기에서 소개할 간단 제작 방법을 토대로 여러분의 업무에 맞는 서식으로 바꿔서 이용해 주십시오.

그러면 간단한 버전의 CJM을 설명하겠습니다. 고객 여정 지도에서 빼놓을 수 없는 핵심은 다음의 5가지입니다.

(고객 여정 지도 제작의 5가지 필수 항목)

타깃	❶			
단계	1. ●●●●	2. ●●●●	3. ●●●●	4. ●●●● ❷
행동	❸			
사고	❹			
감정	❺			

핵심 ❶ = 타깃 설정

핵심 ❷ = 단계별로 분할

핵심 ❸ = 고객의 행동

핵심 ❹ = 고객의 생각

핵심 ❺ = 고객의 감정

핵심 ① 타깃 설정부터 설명하겠습니다.

'타깃'이란 어느 상품이나 서비스를 이용하는 고객의 프로필에 해당합니다. 예를 들어 '50대 여성(회사원), 서울 거주', '70대 노년층 남성(은퇴), 경기 지역 거주' 등이 타깃 설정이 됩니다.

상품이나 서비스 내용에 따라서는 더 깊이 있는 '페르소나(기업이 마케팅으로 고객에게 전달하고 싶은 이미지를 설정하고 그에 맞는 홍보 전략을 세우는 것)'의 설정이 필요하지만, 간단한 버전이므로 여기에서는 대략적인 타깃을 설정할 수 있으면 됩니다.

참고로 페르소나는 '연령: 32세, 직업: IT 기업 근무, 거주지: 서울시 강남구, 연봉: 8000만 원'과 같이 구체적으로 설정해야 합니다. 그 밖에 가족 구성, 취미, 가치관, 생활방식 등의 요소도 추가하여 세세하게 분석합니다.

이어서 핵심 ② 단계별로 분할에서는 고객의 체험을 몇 가지 단계로 나눠서 정리합니다.

　각 단계에는 고객의 시점에서 '지금 어떤 상태인지'를 기입합니다. 매력적인 상품을 발견했을 때는 '상품 발견', 문제가 발생했을 때는 '문제 발생' 등처럼 상태를 한눈에 알 수 있는 문구를 기입합니다. 단계 수는 상품이나 서비스 내용에 맞게 조정해 주십시오.

　핵심 ③은 고객의 행동입니다. 상품이나 서비스에 대해 고객이 어떤 행동으로 접근할지를 예측하여 기입합니다.

　이어서 핵심 ④는 고객의 생각입니다.

　상품이나 서비스를 이용하는 고객의 생각을 핵심 ②에서 정한 몇 가지 단계별로 분할하여 기록합니다. 고객이 어떤 것을 생각하고 행동할지를 상상하여 기입해 봅시다.

　이 고객의 생각과 다음의 핵심 ⑤ 고객의 감정을 한 세트로 묶어서 생각하면 원활하게 진행할 수 있습니다. 예를 들어 다음과 같이 조합할 수 있습니다.

　생각 : 멋있는 상품이니까 갖고 싶다.
　감정 : 두근두근한다!

　생각 : 잘 몰라서 곤란하다.
　감정 : 불안해졌다!

그리고 핵심 ⑤ 고객의 감정을 기입할 때는 간단한 그림을 추가해 봅시다. 글만 있어도 상관없지만, 그림이 있어야 직감적으로 쉽게 이해할 수 있습니다. 그림을 능숙하게 그릴 필요는 없습니다.

좀더 이해하기 쉽게 실제로 이 서식에 자동 응답 시스템의 예시를 적용해 봅시다.

핵심 ① 타깃 설정 칸에는 '20대 여성(회사원), 서울에 거주', '30대 여성(회사원), 경기 지역에 거주' 라고 기입했습니다. 실제 고객을 분석하여 문의가 많은 고객을 2가지 타깃으로 설정했습니다.

핵심 ② 단계별로 분할 칸에는 '문제 발생', '수단을 검토', '문의', '문제 해결'이라는 4단계로 설정했습니다. ③ 행동, ④ 생각, ⑤ 감정 칸도 상상력을 발휘하여 기입했습니다.

A 씨가 관리하는 콜센터는 통신 판매 사이트를 지원하고 있습니다. 문의 내용은 상품 교환, 상품 반품, 회원 등록, 탈퇴, 주소 변경 등이 많지만, 여기에서는 '상품 교환'을 예시로 생각해 보기로 합니다.

(고객 여정 지도(CJM)의 기입 예)

❶	타깃	20대 여성(직장인), 서울에 거주
		30대 여성(직장인), 경기 지역에 거주

> 상품 교환의 예시로
> CJM을 제작하여
> 기획을 검토하자.

❷ 단계	1. 문제 발생	2. 수단을 검토
❸ 행동	구매한 구두 사이즈가 맞지 않는다! 교환 방법을 모르겠다. 인터넷에서 알아보자!	전화로 문의한다? 홈페이지에서 채팅으로 물어본다?
❹ 사고	큰일이다! 얼른 연락하지 않으면 사이즈를 교환해주지 않을지도 몰라…….	전화와 채팅 중에 무엇을 선택할까? 전화가 빠르려나? 앗, 이미 밤이니까 24시간 대응해주는 채팅으로 하자.
❺ 감정	어떡해! 그 누구와도 상담할 수 없어서 불안해.	진정이 안 돼! 해결되지 않으면 잠을 못 잘 거야.

❷ 단계	3. 문의	4. 문제 해결
❸ 행동	채팅으로 문의했다.	곧바로 답장이 왔다! 사이즈 교환 방법을 확인했다.
❹ 사고	곧바로 응답해주면 좋겠는데……. 답장은 내일 받을 수 있으려나?	다행이다! 이렇게 신속하게 알려주다니 또 이 통신 판매 사이트를 이용해야지.
❺ 감정	곧바로 답장해 주면 좋겠는데…… 긴장되네.	끝났다! 이제 안심되네.

CJM에서 무엇을 파악할 수 있는가?

그러면 이러한 간단 버전의 CJM에서 무엇을 파악할 수 있을까요?

A 씨의 팀이 지원하는 통신 판매 사이트의 주력 상품은 여성용 패션 소품이었습니다. 따라서 타깃은 20~30대 여성입니다.

해당 연령층은 컴퓨터나 스마트폰을 손쉽게 사용하는 고객이 많으므로 AI를 활용한 자동 응답 시스템을 클라우드에 설치해두면 대응 가능할 것입니다.

고객은 항상 문의 수단(전화 또는 채팅)을 고민하고 있을 수 있으니, 채팅의 자동 응답 시스템을 이용하는 사람이 늘어나면 그만큼 전화 문의는 줄어들 것입니다. 이 경우에는 사이트상에 'AI로 신속하게 대응 가능!'이라고 어필해주면 채팅을 이용하는 사람이 더 늘어날 것입니다.

이 시점에서 다시 한번 AI의 기술을 확인해 봅시다.

● 챗봇   ● 음성 인식   ● 음성 합성

해당 타깃층은 스마트폰을 능숙하게 다룰 수 있는 20~30대의 젊은 여성이기 때문에 글자만으로 자동 응답하는 챗봇으로 과제인 '고객 지원 업무량 줄이기'를 충분히 해결할 수 있을 것입니다.

따라서 위의 3가지 기술 중 챗봇만 개발하고, 추가의 비용과 시간을 들여

음성으로 대응하는데 필요한 '음성 인식'이나 '음성 합성' 시스템을 새롭게 개발할 필요는 없을 것으로 판단됩니다.

만약 A 씨의 팀이 실제 매장에서 노년층을 대상으로 상품을 판매하는 점포를 지원하고 있다면 이야기는 달라집니다.

노년층은 컴퓨터나 스마트폰 사용에 익숙하지 않은 경우가 많으므로 챗봇만 도입하면 아무런 효과를 보지 못할 수 있습니다. 이때는 걸려온 전화에 음성으로 자동 응답해주는 시스템을 개발할 필요가 있겠죠.

이처럼 AI를 비즈니스상의 서비스에 어떻게 대응하는지에 따라 시스템 구성 자체가 크게 변화할 수 있습니다.

고객 시점에서 자사 서비스의 제공 범위를 재검토해보자

입력된 글자에 글자로 자동 응답하는 시스템과 음성 입력에 음성으로 응답하는 시스템에는 개발하는 데 걸리는 시간과 비용에 모두 큰 차이가 있습니다. '왠지 음성으로 응답하는 게 편리할 거 같다' 라는 이유로 무조건 프로젝트의 목표를 설정하지 않도록 주의해 주십시오.

그러한 의미에서라도 CJM을 제작해 보는 데 의의가 있습니다.

또다른 이점은 이러한 간단 버전의 CJM이 있으면 AI 엔지니어와 진정한 목표를 공유하는 것이 편리해집니다.

프로젝트의 목표는 시스템의 완성이지만, 진정한 목표는 새로운 시스템을 이용해서 지금보다 더 쾌적한 미래를 실현하는 것입니다.

지도를 제작하면 AI 프로젝트의 길이 보이기 시작하면서 팀을 이끌어가는 여러분이 프로젝트와 관련된 모든 사람에게 미래 예상도를 알려줌에 의해 전원이 같은 목표를 향해 앞으로 나아갈 수 있습니다.

KPI
프로젝트의 목표를 수치화한다

지금부터 AI 프로젝트의 목표를 수치화하는 방법에 대해 설명하겠습니다. KPI란 'Key Performance Indicator'의 줄임말로, 일반적으로 'KPI' 라고 불리는 수치를 말합니다.

'핵심성과지표' 라고도 부르며, 목표를 달성할 때까지의 과정을 관리하기 위한 중요한 지표입니다. AI 프로젝트에서도 다른 프로젝트와 마찬가지로 달성도를 파악하여 평가하기 위한 '중간 목표'가 되므로 아주 유용합니다.

앞서 언급했던 CJM을 제작할 때는 KPI 칸을 만들고, 일정 기간마다 목표치를 설정하는 경우가 많습니다.

대상 고객이 존재하지 않아 CJM을 제작할 필요가 없는 경우에도 KPI의 수치만은 설정해두는 편이 좋죠.

AI 시스템을 본격적으로 도입할 때 KPI를 설정해두지 않으면 프로젝트의 성공 여부를 판단할 수 없습니다.

쉽게 말해 KPI의 수치가 성패를 판단하는 기준이 되는 셈이죠.

물론 개발 비용이 많이 들수록 KPI의 수치는 높아집니다. 하지만 사전에 경영진에게 '6개월간은 수지 타산을 따지지 않겠다' 라는 허락을 받는다면 반년 후부터 비용 회수를 진행하면 되므로 KPI로 더 현실적인 수치 설정이 가능합니다.

또 기업에 따라서 AI 프로젝트의 기획을 통과시키는 단계에서 KPI 설정을 요구하기도 합니다. 설정하는 기간도 각기 달라서 1주일 단위로 KPI의 결과를 요구하기도 합니다.

문과 계열 AI 인재인 여러분이 AI 프로젝트의 리더를 맡는다면 개발 비용을 관리해야만 합니다. 그리고 그 개발 비용을 회수하여 흑자로 만들기 위한 과정까지 관리해야만 하죠. 또 그 후에 어느 정도의 페이스로 이익으로 올릴 수 있을지도 예측할 수 있어야 합니다.

이 부분은 'KPI 관리' 분야이므로 여기에서는 자세히 설명하지 않겠지만, 'AI 프로젝트도 예외는 아니다' 라고 생각해 주십시오.

또 KPI로 관리할 필요가 없는 직장이라도 가능한 한 KPI 관리를 도입하는 편이 좋습니다. 그렇다고 해서 이 부분을 크게 어렵게 생각할 필요는 없습니다.

사내 규정이 있다면 그 규정에 따르면 됩니다.

만약 사내 규정이 없다면 '최종 목표치(KGI)를 달성하기 위해 어떠한 과정으로 작은 목표를 달성할지'를 스스로 생각해서 KPI의 수치를 정해 봅시다.

업무 개선도 KPI로 관리한다

AI 프로젝트의 목표가 '새로운 콘텐츠' 라면 KPI 설정은 비교적 간단합니다. 새로운 콘텐츠(상품이나 서비스)가 일정 기간에 얼마만큼 수익을 높일지를 예측하고 그 수치를 KPI로 치환만 하면 됩니다. 수치를 설정해두면 개발 비용을 어느 단계에서 회수 가능한지도 예측할 수 있습니다.

한편 AI 프로젝트의 목표가 '업무 개선'인 경우에는 '도입 전의 업무'와 '도입 후의 업무'를 비교하여 설정할 수 있습니다.

예를 들어 영업직의 경우를 생각해 봅시다. 어느 서비스의 '평균 단가가 100만 원'이고 '월간 매출 목표가 1억 원'이라고 가정하면 '1억 원÷100만 원 =100명'으로 매월 100명의 고객과 계약해야만 합니다. 만약 계약 성사율이 10%라면 실제로 영업해야 할 대상 고객 수는 매월 1,000명이라는 뜻이 됩니다.

기존에는 이 일을 10명의 영업직이 진행했습니다.

여기에 AI 시스템을 도입한 결과, 계약 성사율이 20% 상승했다고 합시다. 즉, AI로 고객의 데이터를 분석하여 가장 적합한 기획안을 제안할 수 있게 되어 계약 성사율이 높아진 것입니다. 계약 성사율이 2배 되었으니 주어진 목표를 달성하기 위해 영업해야 할 대상 고객 수는 절반인 500명으로 줄어들었습니다.

지금까지 1,000명을 10명이 진행했으니 500명이면 5명이면 충분합니다.

10명이 5명으로 줄어들면 5명분의 인건비가 남습니다. 이 5명분의 인건비를 KPI의 수치로 설정할 수 있다는 뜻입니다.

AI 프로젝트는 개발 비용의 면에서 부정확한 요소가 많아 그만큼 관리하기도 어려우니 KPI의 수치는 꼭 설정하시기 바랍니다. KPI는 프로젝트의 성패를 판단하는 기준이 될 뿐만 아니라 '어디에서 예측을 벗어났는지'를 파악할 수 있는 자료가 되기 때문입니다.

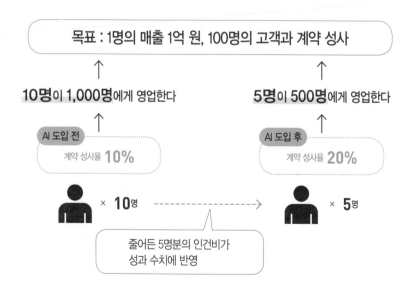

(5명분의 인건비로 100명의 계약을 성사해낸다)

목표 : 1명의 매출 1억 원, 100명의 고객과 계약 성사

↑

10명이 1,000명에게 영업한다

↑

AI 도입 전
계약 성사율 10%

👤 × 10명

5명이 500명에게 영업한다

↑

AI 도입 후
계약 성사율 20%

👤 × 5명

줄어든 5명분의 인건비가
성과 수치에 반영

'요건 정의'는 전문가에게
맡겨 마무리한다

'요건 정의'는 AI 시스템의 사양서이다

지금까지 AI 시스템의 가설을 세워서 CJM과 KPI도 제작해 봤습니다. 마지막으로 '요건 정의'에 대해 설명하고자 합니다.

요건 정의란 시스템에 탑재하는 기능을 모두 기입한 사양서입니다. 보안이나 서버, 플랫폼의 사양 등 전문적인 부분까지 다루면서 결정해야만 하므로 문과 계열 AI 인재에게는 조금 버거운 작업입니다.

일반적으로 IT 시스템(AI 시스템 포함)을 개발할 때는 프로젝트의 공정을 상류, 중류, 하류로 구분해서 정리합니다.

구체적인 공정은 다음과 같습니다.

- 상류 공정 …… 요건 정의
- 중류 공정 …… 시스템 설계 및 프로그래밍
- 하류 공정 …… 시스템 검증

제3장에서 설명했던 가설을 세울 때까지의 과정에는 상류 공정인 요건 정의의 작성이 포함되어 있습니다.

AI 프로젝트도 기본적으로는 같습니다.

AI 엔지니어가 사내에 있든, 사외에 있든 요건 정의는 반드시 필요합니다. 단, AI 프로젝트는 '시도해 보아야만 알 수 있는 내용'이 포함되어 있는 경우가 많아 한 번에 모든 사양을 결정하지 않고 조금씩 업데이트해 나가는 경우도 많습니다. 데이터 수집이나 학습모델, 알고리즘에 맞춰서 수시로 업데이트해 나가는 것이니 '처음에 정한 요건 정의를 따라야만 한다'는 것에 너무 집착해서 생각할 필요는 없습니다.

여러분의 회사에 IT 부서가 있다면 시스템 구축을 잘 아는 인재를 찾아 상담해 봅시다. 만약 사내에 IT 부서가 없다면 해당 시점에서 컨설팅을 해주는 'AI 벤더'에 도움을 요청해 보십시오.

참고로 일반적으로 'AI 벤더'라고 불리는 회사는 다음의 4가지 유형으로 분류할 수 있습니다.

유형 ❶ = 위탁 개발
유형 ❷ = 컨설팅
유형 ❸ = 연구 개발
유형 ❹ = 라이선스 중심

유형 ① 위탁 개발은 고객사로부터 AI 개발을 프로젝트 단위로 수주하는 회사입니다. 유형 ② 컨설팅은 AI 프로젝트의 성공을 위해 상담해주는 회사입니다.

(AI 벤더의 4가지 유형)

❶ 위탁 개발 — 모두 처리해 드리겠습니다! 맡겨만 주십시오.

❷ 컨설팅 — 상담해 드리겠습니다! 개발은 하지 않습니다.

❸ 연구 개발 — 최첨단 기술이라면 맡겨만 주십시오!

❹ 라이선스 중심 — 라이선스 협상을 대행해 드립니다!

경우에 따라 유형 ①, ②를 모두 다루는 회사도 있으니 홈페이지 등에서 확인해 봅시다. 유형 ③ 연구 개발은 일반 기업과 대학 연구실이 연계하여 AI 개발을 진행하는 벤더입니다. 최첨단 기술을 활용할 수 있다는 이점이 있지만, 본래 업무가 연구이므로 기업 측의 요구에 유연하게 대응해주지 않을 가능성이 있습니다.

그리고 유형 ④ 라이선스 중심은 라이선스 대여를 주요 업무로 하는 벤더입니다. 범용성이 있는 AI 시스템을 사용하는 라이선스 거래를 중심으로 활동하므로, 위탁 개발이나 컨설팅에 대응하지 않는 경우도 있습니다(외주를 통해 대응하는 회사도 있습니다).

첫 AI 프로젝트를 지원받으려면 가장 적합한 유형은 ①, ②를 모두 다루면서 저렴한 가격으로 안건부터 시스템 완성까지 도맡아주는 회사입니다. 물론 위탁 개발과 컨설팅을 다른 회사에 의뢰하는 선택지도 있습니다.

콕 집어 어느 쪽이 좋다고 할 수는 없지만, 프로젝트의 인원수가 늘어나면 늘어날수록 취급하기 어려워진다는 점은 염두에 두기 바랍니다.

AI 프로젝트의 멤버 구성은 다시 한번 다음 장에서 소개하겠습니다.

이야기가 잠시 딴 길로 샜는데 결국 말씀드리고 싶은 내용은 요건 정의를 지원해 주는 인재가 사내에 없다면 AI 벤더에게 도움을 요청해도 된다는 것입니다.

무리해서 불완전한 요건 정의를 진행하기보다는 전문가의 조언을 받는 편이 현명합니다.

우수한 AI 컨설턴트라면 문과 계열 AI 인재의 이야기를 잘 들어주고 AI 엔지니어가 원하는 요건 정의를 마무리해 줄 것입니다.

다시 한번 강조하지만 문과 계열 AI 인재인 여러분의 중요한 업무는 'AI 프로젝트로 무엇을 하고 싶은지'를 명확히 하는 것입니다. 요건 정의는 그것을 위한 수단이라고 생각해 주십시오.

제 **4** 장

[분석력]
데이터가 프로젝트의
성패를 쥐고 있다

어떤 데이터를 이용할 것인가?

프로젝트 팀의 역할과 멤버 구성

역할을 이해하여 최적의 체제를 갖춰보자

AI 프로젝트를 기획할 때, 어떤 사람을 멤버로 선택하면 좋을까요?

AI 프로젝트도 일반적인 프로젝트와 마찬가지로 '프로젝트 관리자'를 중심으로 다양한 멤버가 프로젝트에 참가합니다.

참가 멤버의 입장은 클라이언트(개발 의뢰 위탁자), 벤더(개발 의뢰 수탁자), 프리랜서 등 다양하며 그 조합은 때에 따라 달라집니다. 일반적으로 '벤더'는 판매업자나 매도인을 가리키는 단어지만, IT 업계에서 벤더는 프로젝트 단위로 업무를 위탁하는 기업'을 의미합니다.

　자사에 IT 부서(또는 AI 부서)가 있다면 사내 멤버만으로도 개발할 수 있지만, 일반적으로는 사외의 벤더에게 협력을 구하는 경우가 많습니다.

　따라서 여기에서는 문과 계열 AI 인재의 팀을 클라이언트, AI 엔지니어의 팀을 벤더로 가정하여 설명하겠습니다.

　가장 먼저 클라이언트의 멤버를 소개하겠습니다.

(AI 프로젝트의 클라이언트와 벤더)

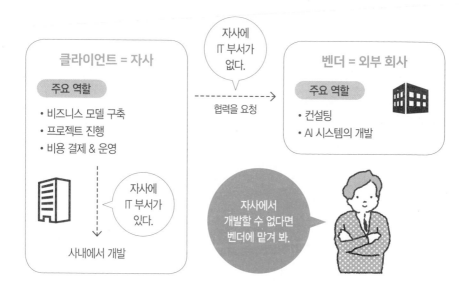

- 문과 계열 AI 인재(AI 기획 담당자/프로젝트 관리자)

- 직원(동료 및 부하)

- 제작 책임자(사장, 임원, 상사)

문과 계열 AI 인재인 여러분은 'AI 기획 담당자' 또는 '프로젝트 관리자'에 해당합니다. AI 기획 담당자란 주로 AI 시스템에 관한 기획 안건을 세우는 사람입니다. 프로젝트 관리자란 프로젝트의 비용이나 일정을 관리하는 사람입니다. 대규모 프로젝트에서는 AI 기획 담당자와 프로젝트 관리자를 나누는 경우도 있지만, 이 책에서는 기획과 관리를 모두 담당하는 사람을 '문과 계열 AI 인재' 라고 부르도록 하겠습니다. 멤버를 모아서 벤더 측 인재와 상담하면서 프로젝트의 진행을 관리하는 리더격 존재죠.

각각의 역할을 쉽게 이해할 수 있도록 레스토랑의 직종에 비유하여 설명해 보겠습니다.

문과 계열 AI 인재는 가게 운영을 맡고 있는 '점장'입니다. 당연히 손님(고객)에게 제공할 재료와 서비스를 책임지는 일은 점장인 문과 계열 AI 인재의 역할입니다.

문과 계열 AI 인재에게 협력해주는 동료나 부하의 호칭은 따로 정해져 있지 않지만, 여기에서는 편의상 '직원'이라고 부르도록 하겠습니다. 직원은 전

문적인 지식이 요구되는 경우는 없지만, 적어도 담당하는 프로젝트의 내용
은 숙지하고 있어야만 합니다.

또한 손님과 가장 가까운 장소에서 서비스를 담당하는 위치이므로 AI 프
로젝트의 직원은 '홀 직원'에 해당하는 존재입니다.

마지막으로 남은 제작 책임자는 결재권을 쥐고 있는 인물입니다.

기업의 규모나 조직에 따라 다르겠지만 사장, 임원, 부장, 상사 등이 제작
책임자가 되는 경우가 많습니다. IT에 관해 선진적인 기업에서는 CDO(최고
디지털 책임자)가 제작 책임자를 맡는 경우도 있습니다.

레스토랑에서는 '오너'에 해당하는 인물인 셈이죠.

문과 계열 AI 인재는 프로젝트를 성공으로 이끌어가기 위해서라도 제작
책임자와 긴밀하게 연락을 취하도록 해야 합니다. 사후 보고로 끝내지 말고
항상 정보를 공유하면서 함께 앞으로 나아가야 합니다. 따라서 신뢰 관계를
구축하여 제작 책임자에게 응원받을 수 있도록 노력해야 합니다.

(프로젝트의 중심은 문과 계열 AI 인재)

AI 도입을 위해 폭넓게 제대로 지원

벤더는 역할에 따라 '지원'과 '개발', 이렇게 2가지로 나눠서 생각하면 이해하기 쉽습니다.

지원팀이란 문과 계열 AI 인재, 직원, 제작 책임자를 도와주는 사람들입니다. 우선 지원팀부터 소개하겠습니다.

AI 벤더(지원팀)

● AI 컨설턴트

● 어노테이터

● 데이터 사이언티스트

AI 컨설턴트는 클라이언트를 지원해주는 조언자입니다. 문과 계열 AI 인재의 부족한 지식을 보충해주거나 AI 엔지니어와의 의사소통을 원활히 해주는 가교 역할을 하죠.

즉, AI 컨설턴트는 레스토랑 전속 '소믈리에'와 같은 존재입니다. 와인과 같은 특정 분야의 전문 지식을 바탕으로 조언해주지만, 요리 내용이나 레스토랑 경영에 직접 관여하지는 않습니다.

어노테이터는 데이터 제작을 담당해주는 인물을 말합니다. 글자나 음성, 화상 등의 데이터에 하나하나 라벨을 다는 작업을 '어노테이션(Annotation)'이라고 합니다.

어노테이션은 기계학습(지도형 기계학습)의 데이터 준비에 빼놓을 수 없는 중요한 작업입니다.

어노테이션은 여러 개의 데이터를 공유하면서 수동으로 진행됩니다. 데이터양이 방대한 경우에는 자동화 툴을 이용하기도 하지만, 기본적으로는 수동으로 시작된다고 생각해 주십시오.

어노테이터는 레스토랑에서는 '식재료 구매 담당'과 같은 존재입니다. 맛있는 요리를 만들려면 신선한 식재료(적정한 데이터)가 필요하죠.

마지막으로 데이터 사이언티스트는 데이터 분석 전문가입니다.

AI 시스템을 도입하는 효과를 통계 데이터를 토대로 예측하고, 도입 후에 결과를 분석할 때 힘이 되어 주는 인물입니다. 문과 계열 AI 인재가 단독으로 분석 결과를 정리하기도 하지만, 데이터 사이언티스트의 힘을 빌릴 수 있다면 분석의 정확도가 더 높아질 것입니다.

전문성은 있지만, 요리는 만들 일이 없는 레스토랑 전속 '회계사'와 같은 존재입니다.

여기에서 소개한 AI 컨설턴트, 어노테이터, 데이터 사이언티스트는 클라이언트 측 직원이 담당하기도 하지만, 여기에서는 벤더 측으로 분류해 봤습니다.

또 이 세 담당자는 경우에 따라 없을 때도 있습니다. 문과 계열 AI 인재가 어느 정도 지식을 갖추고 있는 경우에는 AI 컨설턴트가 없어도 진행할 수 있기 때문입니다. 물론 어노테이션이 필요하지 않은 경우에는 어노테이터를 진행하지 않아도 되며, 직원 중에 통계적인 분석에 뛰어난 사람이 있으면 데이터 사이언티스트가 없어도 프로젝트를 진행할 수 있습니다.

벤더 ❷ (개발팀)
개발팀의 역할은 3가지로 구분하여 생각한다

지금까지는 개발 측 인재를 모두 'AI 엔지니어'라고 표현했지만, 이제부터는 입장이나 역할에 맞게 기계학습 엔지니어, 시스템 엔지니어, 프로그래머,

이렇게 3가지로 호칭을 구분해서 사용하고자 합니다.

　문과 계열 AI 인재가 프로젝트를 관리하는 데 있어서 '누구에게 상담해야 할지'를 명확히 해두는 것이 중요하므로 호칭을 세분화하여 가능한 한 정확하게 전달하도록 하겠습니다.

AI 벤더(개발팀)

- 기계학습 엔지니어
- 시스템 엔지니어
- 프로그래머

기계학습 엔지니어는 기계학습에 관해 잘 알고 있는 전문가입니다. 기계학습의 학습법을 선택하거나 알고리즘을 선택하는 사람이죠. 기본적으로 AI 시스템 관련 전반에 대해 상담해야 할 상대는 이 기계학습 엔지니어입니다.

　그러나 기계학습 엔지니어로만 시스템 전체를 설계할 수는 없습니다. 시스템 전체를 살펴보고 관리하는 일은 시스템 엔지니어의 역할입니다. AI 시스템을 어떻게 짜 넣어야 효과적일지, 데이터베이스를 어떻게 구축할지 등, AI 이외의 다양한 문제에 대해 상담을 들어주는 사람입니다.

　물론 실제로 다양한 코드를 제작해 주는 프로그래머의 협력도 필요합니다. 프로그램을 짜고, 수정하고 조정하는 일은 프로그래머의 역할입니다.

극단적으로 표현하자면 기계학습 엔지니어가 기계학습 부분을 제대로 담당하여 자주적으로 개발팀 멤버와 연계해 나갈 수만 있다면 시스템 엔지니어와 프로그래머한테 AI 관련 지식이 없어도 시스템 개발은 진행할 수 있습니다.

(개발팀의 핵심 인물은 기계학습 엔지니어)

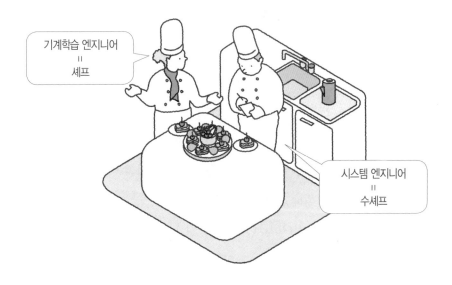

레스토랑의 직종에 비유하면 기계학습 엔지니어는 메인 요리의 레시피를 생각하는 실력 있는 '셰프'와 같은 존재입니다. 한편 시스템 엔지니어는 작업 전체의 균형을 생각하면서 코스 요리 메뉴를 구성하는 '수셰프(셰프의 조력자로 현장을 지휘하는 사람)'와 같은 존재입니다.

셰프와 수셰프가 잘 협업해서 일을 진행하면 '조리사'인 프로그래머도 안심하고 실력을 발휘할 수 있습니다. 맛있는 요리를 솜씨 좋게 완성하기 위해서라도 주방 내 팀워크가 매우 중요합니다.

AI 프로젝트 운영은 이와 같이 레스토랑 경영과도 비슷합니다. 멤버 전원이 서로의 처지와 역할을 존중하면서 협력해야만 레스토랑을 발전시킬 수 있다고 생각하시면 됩니다.

AI의 학습에 필요한 데이터를 준비

문과 계열 AI 인재를 중심으로 학습 데이터 준비를 진행한다

지금까지 설명해드린 AI 프로젝트와 관련된 멤버의 역할이 이해되셨나요?
다음 내용은 드디어 AI의 '학습 데이터'를 준비하는 단계에 돌입합니다. 오른쪽 페이지의 로드맵에서 하늘색으로 표시된 제4장 '분석력'에 해당하는 부분입니다.

제3장에서는 비즈니스의 현 상황을 토대로 아이디어를 짜내고 가설을 세울 때까지의 흐름을 설명했습니다.

('데이터 준비'는 개발 직전에 이루어지는 중요한 공정이다)

　　제4장에서는 가설을 바탕으로 '어떤 데이터를 준비하면 잘 진행될지'를 생각하고, 실제로 준비할 때까지의 절차를 소개하고자 합니다. '데이터 분석→디지털 데이터'의 공정은 문과 계열 AI 인재를 중심으로 다른 멤버와 협력하면서 진행해 나가게 됩니다. 데이터 준비와 관련된 멤버는 다음과 같습니다.

① 문과 계열 AI 인재　　　② 직원

③ AI 컨설턴트　　　　　　④ 어노테이터

⑤ 기계학습 엔지니어　　　⑥ 시스템 엔지니어

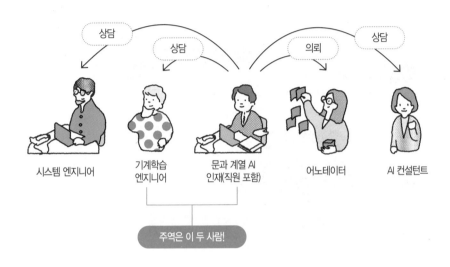

('데이터 준비'와 관련된 멤버들)

상담

상담

의뢰

상담

시스템 엔지니어

기계학습
엔지니어

문과 계열 AI
인재(직원 포함)

어노테이터

AI 컨설턴트

주역은 이 두 사람!

데이터 준비에 있어 핵심 인물은 당연히 '① 문과 계열 AI 인재'인 여러분입니다. '② 직원'은 사내 동료나 부하로서 여러분을 도와주죠. 그리고 객관적인 입장에서 조언해주는 사람이 '③ AI 컨설턴트'입니다.

'④ 어노테이터'는 데이터 라벨링 단계에서 활약해 줍니다.

'⑤ 기계학습 엔지니어'와 '⑥ 시스템 엔지니어'와는 이 단계에서 상담받으면서 정보를 공유합니다. 데이터 준비는 클라이언트 측의 공정이지만, 어떠한 데이터가 어느 정도 필요할지를 정확히 판단하는 것은 기계학습 엔지니어의 역할입니다.

'데이터'란 무엇인가?

앞선 내용을 통해 문과 계열 AI 인재를 중심으로 기계학습 엔지니어나 시스템 엔지니어와 상담하여 데이터 준비를 진행한다는 사실은 알게 되었습니다.

그런데 여기에서 말하는 데이터란 정확히 무슨 뜻인지 알고 계시나요?

컴퓨터에서 활용하는 데이터이므로 당연히 디지털 데이터임은 틀림없습니다. 디지털 데이터란 '컴퓨터가 읽을 수 있는 형식의 데이터'를 의미합니다. 컴퓨터는 '0' 또는 '1'만 이해할 수 있으므로, 어떤 데이터든 '0'과 '1'을 조합해서 컴퓨터가 읽을 수 있도록 변환해야만 합니다.

예를 들어 스마트폰으로 오늘 점심 메뉴 사진을 찍었다고 가정해 봅시다. 스마트폰으로 촬영한 사진은 디지털 데이터이므로 당연히 컴퓨터가 곧바로 읽을 수 있습니다.

그런데 여기서 인간과 컴퓨터의 인식 차이가 발생합니다. 사람은 사진을 한 번만 봐도 색상이나 밝기, 크기 등을 인식하여 '맛있겠다!' 또는 '맛없겠다!' 라고 표현할 수 있습니다. 그러나 컴퓨터는 점심 메뉴 사진을 오로지 수치('0'과 '1'의 조합)만으로 인식합니다.

즉, 사진 속에 있는 색상이나 밝기 등도 모두 0과 1의 조합으로만 인식할 뿐 사람처럼 대상의 전체상을 파악하지는 못합니다.

당연하다고 생각할 수 있지만, 일반인들은 종종 이 차이를 잊어버릴 때가 있습니다. 'AI는 머리가 좋다' 라고 말하면서 의인화하는 경우도 많아서 '인간이 할 수 있는 일은 무엇이든 할 수 있다' 라고 쉽게 생각하지만, 실제로는 인식 방법 자체에 큰 차이가 있는 것입니다.

AI에서 사용할 수 있는 5가지 종류의 디지털 데이터

컴퓨터는 디지털 데이터만 인식할 수 있기 때문에 모든 데이터는 디지털로 변환시켜야만 합니다. 그렇다면 디지털 데이터에는 어떤 종류가 있을까요? 일반적으로 다음의 5가지로 구분해서 생각할 수 있습니다.

- 텍스트 데이터
- 수치 데이터
- 영상 데이터
- 화상 데이터
- 음성 데이터

일반적으로 '디지털 데이터' 라고 하면 프로그래밍에서 사용하는 텍스트 데이터나 수치 데이터만 있는 것으로 생각할 수도 있지만 영상 데이터나 화상 데이터, 음성 데이터도 모두 디지털 데이터입니다.

이러한 디지털 데이터는 다양한 파일 형식과 압축 형식이 준비되어 있는데 공통점은 모두 수치화되어 있다는 점입니다. 즉, 컴퓨터에 수치화할 수 없는 데이터를 입력하면 인식할 수 없다는 뜻이죠.

기계학습에서는 컴퓨터 프로그램을 사용해서 데이터를 처리합니다. 따라서 어떤 데이터든 '수치화 가능'이 전제가 되어야 합니다. 즉, 어떤 귀중한 데이터든 수치화할 수 없는 데이터는 도움이 되지 않으니 유념해 주십시오.

참고로 이렇게 수치화하는 것을 '정량화'라고 부르기도 합니다.

(사람이 할 수 있는 일을 다 해내지는 못한다!)

데이터를 가공해서
'사용 가능한 상태'로
만들어야 한다

무작정 모은 데이터는 사용할 수 없을 수도 있다

이제부터는 '지도형 기계학습'을 전제로 데이터 준비를 위해 해야 할 일을 구체적으로 설명하겠습니다.

장소는 회사 회의실. 회의 출석자는 문과 계열 AI 인재인 여러분과 기계학습 엔지니어, AI 컨설턴트, 이렇게 3명. 회의 주제는 '데이터 준비의 방향성 정하기'입니다. 여러분은 사내에 축적된 데이터를 긁어모아서 사전에 두 사람에게 보여 줬습니다.

그리고 1시간 정도 의논한 결과, '그대로 사용할 수 있는 상태의 데이터'가 존재하지 않는다는 사실을 깨달았습니다. 매우 안타까운 결과지만, 드문 일도 아니니 실망할 필요는 없습니다. 오히려 사내의 데이터를 그대로 사용할 수 있는 경우가 드문게 일상적입니다.

AI를 학습시켜 제대로 된 성과를 올리려면 질 좋은 데이터가 대량으로 필요합니다. 그렇다면 데이터의 질이나 양이 부족할 경우, '역시 AI 같은 건 나한테 무리야' 라면서 깔끔히 포기해야 할까요?

이 경우, 해결책은 3가지가 있습니다.

> **해결책 ❶** = 클렌징(Cleansing)으로 질을 높인다.
> **해결책 ❷** = 공개 데이터 세트를 활용한다.
> **해결책 ❸** = 데이터 세트를 새롭게 만든다.

구체적으로 설명해보도록 하겠습니다.

해결책 ❶
클렌징으로 질을 높인다

클렌징 또는 데이터 클렌징(Data cleansing)이란 데이터의 불필요한 부분을 삭제하거나, 고르지 않은 부분을 통일시켜서 기계학습에 적합한 형태로 갖추는 작업을 말합니다.

기계학습뿐만 아니라 컴퓨터에서 데이터를 처리하는 경우에는 클렌징 과정이 필요합니다.

예를 들어 사내의 데이터베이스에 과거의 고객 데이터가 저장되어 있다고 가정해 봅시다. 일반적으로 고객 데이터는 비즈니스에서 매우 중요한 정보지만, 대부분 곧바로 사용할 수 있는 상태로 저장되어 있지는 않습니다.

구체적으로는 다음과 같은 데이터 상태라고 할 수 있습니다.

- 다양한 형식의 문자가 섞여 있다.
- 정식 명칭과 약칭이 섞여 있다.
- 같은 고객이 다른 이름(별명 또는 아이디)으로도 등록되어 있다.
- 저장된 데이터 형식이 다르다.

그렇다고 낙담할 필요는 없습니다. 겉보기에는 질이 안 좋아서 사용하기 힘들어 보이는 데이터라도 곧바로 포기하지 않고, 클렌징만 해줘도 사용할 수 있는 데이터로 바뀔 가능성이 있기 때문입니다.

파손된 데이터, 부정확한 데이터, 언뜻 보면 관련 없어 보이는 데이터라도 클렌징을 통해 부활할 가능성이 있다는 점을 기억해 주시기 바랍니다.

이런 경우 기계학습 엔지니어와 상담해 보면 좋은 방법을 제안해 줄지도 모릅니다.

해결책 ❷
공개 데이터 세트를 활용한다

인터넷상에는 무료 또는 유료로 이용할 수 있는 기계학습용 '데이터 세트'가 공개되어 있습니다. 국내에 공개된 데이터 세트는 그 개수가 한정되어 있지만, 해외에 공개된 데이터 세트까지 포함하면 상당량의 선택지가 있습니다. 종류도 다음과 같이 다채롭죠.

① 텍스트 데이터

② 영상 데이터

③ 화상 데이터

④ 음성 데이터

⑤ 전문적인 데이터

'① 텍스트 데이터'에는 전자 메일, 스팸 메일, 뉴스 기사, 영화 리뷰 등의 데이터 세트가 제공되고 있습니다. '② 영상 데이터'에는 조리 영상, 차량용 블랙박스 영상, 사람의 몸동작을 모은 영상 등의 데이터 세트가 포함되어 있습니다.

'③ 화상 데이터'의 데이터 세트에는 사람 얼굴 사진, 손글씨, 실내 사진, 패션 관련 사진 등이 있으며, '④ 음성 데이터'에는 대화나 연설 관련 데이터 세트가 공개되어 있습니다.

'⑤ 전문적인 데이터'에는 게임 정보, 뇌 MRI 사진, 가상 화폐의 상장 등에 관한 데이터 세트가 준비되어 있습니다.

주의할 사항은 이러한 공개 데이터 세트의 이용을 검토할 때는 각각의 라이선스(이용 특허) 조건을 확실히 확인해야 합니다. '상업적인 용도는 금지'된 경우도 있으니 주의하시기 바랍니다.

해결책 ❸
데이터 세트를 새롭게 만든다

마지막으로 필요한 데이터 세트를 새롭게 만드는 방법입니다. 글자 그대로 새롭게 취득한 데이터에 클렌징을 진행하고 라벨을 달아서 지도형 기계학습을 위한 학습 데이터를 만드는 것입니다.

앞서 설명했듯이 이러한 작업을 '어노테이션'이라고 부릅니다.

어노테이션이란 원래 '어느 데이터에 관련된 정보를 주석으로 다는 작업'입니다.

앞서 언급한 클렌징 과정까지 포함해서 데이터를 준비하는 전반 과정을 '어노테이션'이라고 부르기도 하지만, 이 책에서는 '지도형 기계학습의 학습 데이터 등을 만드는 작업'이라는 의미로 어노테이션을 사용하겠습니다.

어노테이션에 드는 비용은 규모에 따라 달라집니다.

여러 명이 분담해서 수동 라벨링 하기, 자동 라벨링 어노테이션 툴 이용하기, 수동과 자동을 조합하는 등 다양한 방법이 있지만, 여기에서는 비교적 소규모 어노테이션을 수동으로 진행하는 경우를 예로 들어 구체적인 흐름을 설명하고자 합니다.

대량의 데이터를
정확하게 라벨링하기

어노테이션은 AI 개발에서 매우 중요하다

실제로 라벨링은 어노테이터의 일이지만, 라벨링의 규칙은 문과 계열 AI
인재가 정해야 합니다. 그러면 수동으로 어노테이션을 진행하는 절차를 5가
지로 구분하여 설명하겠습니다.

① 라벨링 방법 확인

② 어노테이션 매뉴얼 작성

③ 어노테이터에게 발주

④ 작업 도중 데이터 확인

⑤ 최종 데이터 확인

처음에 착수할 작업은 '① 라벨링 방법 확인'입니다. 어노테이션의 규칙을 결정하는 일은 문과 계열 AI 인재의 몫이지만, 어노테이션을 시작하기 전에 라벨링 방법에 관한 내용은 기계학습 엔지니어에게 확인해야 합니다.

어노테이션 작업이 헛수고되는 일이 없도록 미리 '이런 데이터에 이런 형식으로 라벨링을 진행해 보려고 하는데요. 이렇게 해도 괜찮을까요?' 라고 솔직하게 물어보십시오. 이때 데이터의 양이나 데이터 형식(CSV, TSV 등)도 확인해 두면 원활히 소통할 수 있을 것입니다.

다음으로 착수할 작업은 '② 어노테이션 매뉴얼 작성'입니다. 이 작업은 라벨링을 진행하는 규칙을 설명하는 매뉴얼로, 어노테이터에 작업을 의뢰할 때 이 매뉴얼을 건네주며 설명합니다.

따라서 누가 보더라도 오해 없이 똑같은 결과물이 나오도록 이해하기 쉽게 작성하는 것이 중요합니다.

어노테이션 매뉴얼 작성은 (가능한 한) 문과 계열 AI 인재가 담당합니다. 혼자서 진행하기 힘들다면 AI 컨설턴트나 기계학습 엔지니어에게 상담받으며 도움을 받아 봅시다.

시간적 여유가 없다면 어노테이션을 의뢰받은 회사에 요청해도 되지만, 가능하면 모든 부분을 일임하지 않는 편이 좋습니다.

어노테이션을 끝낸 데이터 세트 확인 작업은 문과 계열 AI 인재의 몫이니 최소한 '어떠한 방침으로 어노테이션을 진행하는지'를 파악해 두는 것이 중요합니다. 그래야 나중에 수정시 개발자가 바뀌었더라도 작업이 수월합니다. 어노테이션 매뉴얼 작성법은 다음 페이지의 사례 연구에서 설명하도록 하겠습니다.

'③ 어노테이터에게 발주'는 매뉴얼 내용을 정확히 전달하기 위한 절차입니다. 모든 어노테이터를 모아서 프레젠테이션해주면 가장 좋겠지만, 일반적으로는 어노테이터 대표 작업자에게 설명한 후, 나머지 어노테이터에게 전달해주는 경우가 많습니다.

'④ 작업 도중 확인'은 작업이 매뉴얼대로 진행되고 있는지를 확인하는 절차입니다. 작업을 시작한 직후에 몇 가지 샘플을 받아본 후 '이대로 계속 작업해도 될지'를 판단합니다.

유의할 것은 이른 단계에서 확인해야 재작업 및 수정에 드는 수고가 줄어듭니다. 이 단계에서 큰 오류를 발견한 경우에는 어노테이터 대표 작업자와 직접 이야기하여 잘못된 부분을 수정하도록 합니다.

마지막으로 '⑤ 최종 데이터 확인'은 데이터 납입 시 확인 작업입니다. 데이터양이 많으면 모든 데이터를 확인하기 힘든 경우도 있지만, 데이터의 질은 학습 정확도에 큰 영향을 끼칩니다.

가능한 한 시간을 들여 꼼꼼히 확인하도록 합시다.

사례 연구
통신 판매 사이트의 챗봇

그러면 이제부터 어노테이션 매뉴얼 작성법을 소개해 드리겠습니다.

특별한 패턴은 없으니 실제 사례를 참고하여 자신의 사례에 적용하여 생각해 보십시오.

여기에서는 온라인 쇼핑몰의 콜센터 업무를 개선하기 위해 고객 문의에 자동으로 대답해주는 챗봇을 개발하는 사례를 예로 들어 보겠습니다.

기계학습 엔지니어와 상담한 결과, 어노테이션에서 10,000개의 데이터가 준비되었습니다. 라벨링 대상이 되는 데이터는 과거에 실시했던 고객 질문입니다. 온라인 쇼핑몰에서는 고객의 질문에 직접 일일이 수동으로 대답해 왔기 때문에 온갖 패턴의 대답이 저장되어 있습니다. 이 상태에서 어노테이션을 위해 준비할 데이터는 다음과 같습니다.

데이터 ❶ = 고객의 질문 ······ 10,000건
데이터 ❷ = 과거의 대답 예시 ······ 1,000건

'데이터 ① 고객의 질문'은 순서가 뒤섞여도 상관없으니 텍스트 데이터로 정리해 둡니다. '데이터 ② 과거의 대답 예시'는 엑셀 등을 이용하여 표로 정리하고, 각각의 대답에 대답 번호를 기입해 둡니다. 이때 대답 내용에 맞게 분류해두면 작업 효율이 올라갑니다.

데이터 ①, ②가 준비되면 어노테이션을 위한 표를 작성합니다.

우측 페이지의 표를 참조해 주시기 바랍니다.

B열에 질문을 입력하여 A열의 질문 번호를 00001~10000으로 관리합니다. 물론 여러 명이 분담해서 진행할 수도 있지만, 여기에서는 혼자서 작업한다고 가정하겠습니다.

C열은 질문을 분류하기 위한 열입니다. 구체적으로는 다음 중 해당 사항이 있는 경우, C열에 기입합니다.

- 여러 질문이 포함된 경우 …… 복수 질문
- 질문의 의도가 불명확한 경우 …… 의도 불명
- 개인 정보가 포함된 경우 …… 개인 정보

이 3가지에 해당하는 질문에는 '×' 표시만 달아두어도 되지만, 여기에서는 '복수 질문', '의도 불명', '개인 정보'라는 글자를 기입하기로 규칙을 정했습니다.

또, 질문 번호 00009행의 C열에는 '복수 질문, 의도 불명'이라고 기입되어 있는데, 그 이유는 C열의 질문 분류에서 '해당하는 항목이 여러 개인 경우에는 쉼표로 구분하여 모두 병기한다' 라는 규칙을 사전에 정해두었기 때문입니다.

또 C열에 아무것도 기입되어 있지 않은 행에는 질문에 가장 적절한 대답을 선택하여 D열에 대답 번호를 기입합니다. 이 대답 번호는 사전에 정리해 둔 데이터 ②의 번호(과거의 대답 예시)를 말합니다. 이 경우, B열의 질문에 가장 적절한 대답을 찾아서 D열에 과거의 대답 예시 번호를 기입하여 정답을 제시했습니다. 이 규칙에 따라 10,000개의 질문을 처리하면 어노테이션이 완료됩니다. 앞서 설명한 절차대로 문서만 정리하면 간단히 어노테이션 매뉴얼이 완성할 수 있습니다.

(라벨링 데이터는 엑셀 표로 정리한다)

A열	B열	C열	D열
질문 번호	질문	질문 분류	대답 번호
00001	상품은 언제 도착하나요?		003
00002	배송지 주소를 변경하는 방법은?		011
00003	상품을 취소하고 계정도 삭제하고 싶어요.	복수 질문	
00004	무사히 주문했습니다!	의도 불명	
00005	김철수의 계정 정보를 변경하고 싶어요.	개인 정보	
00006	배송료는 얼마인가요?		019
00007	반품 방법을 알려주세요.		088
00008	사이즈 교환은 가능한가요?		072
00009	상품이 오염되어 있어요. 사이즈도 잘못됐지만 마음에 들어요.	복수 질문, 의도 불명	
10000			

189

읽는 사람의 관점에서 매뉴얼을 작성하자

이제 어노테이션 매뉴얼을 작성할 때의 주의사항을 알아봅시다.
직접 매뉴얼을 작성할 때는 다음과 같은 항목을 확인해 보십시오.

- 규칙이 모순되어 있지는 않은가?
- 모든 패턴을 상정해 봤는가?
- 구체적인 예시를 쉽게 이해할 수 있도록 표현했는가?

처음부터 완벽하게 매뉴얼을 작성하기는 어려울 수 있습니다. 스스로 '완벽'하다고 생각했더라도 나중에 누락과 모순이 발견되는 경우가 드물지 않습니다.

작업 도중에 '이럴 때는 어떻게 하나요?' 라는 질문을 받고 나서야 깨닫는 경우도 있습니다. 그럴 때는 추가로 기입하거나 수정하여 가능한 한 신속히 어노테이터에게 피드백을 해줘야 합니다.

또, 개인의 주관이나 해석(깨끗하다/더럽다, 맛있을 것 같다/맛없을 것 같다) 등이 필요한 어노테이션을 진행하는 경우에는 구체적인 예시를 많이 들어 두어야 합니다. 개인의 주관이나 해석의 차이를 최소화해야 학습 데이터의 질이 향상되기 때문입니다. 이 차이를 줄이기 위해 주관이나 해석에 관련된 부분을 다수결로 정하기도 합니다.

시간적 여유가 있을 때는 어노테이션 매뉴얼 규칙에 따라 직접 어노테이션을 실행해보시기 바랍니다.

실제로 해보면 규칙에 기재하지 못 했던 부분이나 모순점을 깨닫는 경우도 많기 때문입니다.

주관에 의지하는 어노테이션이란?

이제 어노테이터의 주관과 해석에 의지하는 어노테이션에 대해 예를 들어 설명해보겠습니다.

토마토를 예시로 '맛있어 보인다', '맛없어 보인다'를 판정하는 AI를 개발한다고 가정해 봅시다.

슈퍼마켓의 채소는 '외관'이 중요합니다. 신선하고 맛있어 보이는 채소는 많이 팔리고, 반대로 맛없어 보이는 채소는 재고로 남겠죠.

어떤 데이터가 필요할까요? 우선 대량의 토마토 사진이 필요할 것입니다. 그래서 매장에 진열된 토마토를 촬영해서 사진 1,000장을 모았다고 가정해 봅시다.

어떤 어노테이션이 필요할까요? 간단합니다. 1,000장의 사진에 하나씩 '맛있어 보인다=1', '맛없어 보인다=0'이라고 수동으로 라벨을 달아주면 됩니다. 1,000장의 사진에 각각의 라벨을 달아주면 토마토가 '맛있어 보이는지'를 구분하는 AI를 개발할 수 있을 것입니다.

하지만 단 한 사람의 주관과 해석을 전적으로 믿어도 될까요? 어노테이터인 A 씨가 우연히 '맛있어 보인다(또는 맛없어 보인다)' 라고 생각했을 수 있습니다. 그래서 더 객관성 있는 데이터를 만들기 위해 4명의 어노테이터를 추가로 참가시켰습니다. 그리고 총 5명이 똑같은 어노테이션을 진행한 결과, 다음과 같은 표가 완성되었습니다.

(인원수를 늘려서 객관성 있는 데이터를 만든다)

○ = 맛있어 보인다, × = 맛없어 보인다

토마토 사진	A 씨	B 씨	C 씨	D 씨	E 씨	판정
사진 ❶	○	○	×	○	○	○
사진 ❷	×	○	×	×	×	×
사진 ❸	○	×	×	○	×	× (맛없어 보인다)

5명의 결과를 다수결로 판정한 결과, 사진 ①=○(맛있어 보인다), 사진 ②=×(맛없어 보인다)의 결과는 A 씨가 혼자서 판정했을 때와 똑같지만, 사진 ③의 결과는 ○(맛있어 보인다)에서 ×(맛없어 보인다)로 변경되었습니다.

'맛있어 보인다', '맛없어 보인다'는 어디까지나 주관적인 판정이지만, 이렇게 똑같은 데이터를 여러 명이 평가하면 더 객관적으로 판단할 수 있는 AI를 개발할 수 있습니다.

어노테이션을 외주로 주고 싶지만 비용이 걱정되는 경우

그러면 수동으로 어노테이션을 진행하는 경우, 어떻게 비용을 산출하면 좋을지 생각해 봅시다. 어노테이션의 공정 수(필요한 작업량)는 다음의 4가지 조건에 따라 변화합니다.

- 데이터의 총 개수
- 라벨의 종류
- 어노테이터의 인원수
- 납기

데이터의 총 개수를 정할 때는 사전에 기계학습 엔지니어와 상담해 보십시오. 우선 학습 데이터가 얼마나 필요한지 확인해야 합니다.

'지도형 기계학습'에서는 처음에 사용할 학습 데이터의 질이 중요합니다.

'질이 낮은 대량'의 학습 데이터보다 '질이 높은 소량'의 학습 데이터를 사용해야 정확도를 높일 수 있는 경우가 많기 때문입니다.

또 개발을 시작하는 단계에서 완벽한 학습 데이터나 테스트 데이터를 준비하지 못하더라도 괜찮습니다. 개발을 진행하면서 단계적으로 데이터를 갖춰나가는 편이 오히려 더 현실적입니다.

또한 라벨의 종류가 얼마나 될지를 예측하는 것 또한 중요합니다.

예를 들어 문자 내용에서 '감정'을 예측하는 AI를 개발하려면 1,000개의 문장에 '긍정=1' 또는 '부정=0'이라는 수치만 라벨링 하면 됩니다. 1,000개의 문장을 읽고 어느 한쪽의 기호만 다는 작업이라면 어노테이터가 한 명만 있어도 충분히 진행할 수 있겠죠. 문장의 길이에 따라 다르겠지만, 납기는 1주일이면 충분할 것입니다. 즉, 어노테이션에 드는 비용은 다음과 같은 조건을 통해 예측할 수 있습니다.

- 데이터의 총 개수 …… 학습 데이터 1,000개
- 라벨의 종류 …… 2종류
- 어노테이터의 인원수 …… 1명
- 납기 …… 1주일

이러한 조건이 갖춰졌다면 어노테이터의 일당만 정하면 됩니다.

만약 바이어스(개인의 편차)를 줄이기 위해 어노테이터의 인원수를 3명으로 늘리더라도 '3배'로 늘려서 계산만 하면 됩니다.

실제로는 다른 절차가 필요할 수 있지만, 우선 간단하게 비용을 추산해 볼 수 있습니다.

학습모델의 평가 방법을
알고 싶어!

AI의 정확도는 어느 정도까지 요구할 수 있는가?

개발 비용을 추산할 때는 선배나 상사에게 의견을 듣고 가장 확실한 숫자를 도출해 냅시다. 모르는 부분은 주저 없이 질문하여 비용이 드는 이유나 비용을 추산하는 방법도 물어보십시오.

기본적인 부분은 질문을 통해 자세히 알아내더라도 결국 'AI에 요구할 수 있는 정확도' 만은 문과 계열 AI 인재가 직접 결정해야 합니다. 이 정확도가 직접적으로 비즈니스의 근간과 관련이 있기 때문입니다.

우선 'AI의 정확도를 몇 퍼센트까지 높여야만 하는지'를 냉정히 생각해 봅시다. AI의 정확도는 당연히 '높으면 높을수록' 좋습니다. 하지만 고정확도를 요구할수록 개발 비용, 즉 프로젝트 전체 예산은 순식간에 불어납니다.

예를 들어 콜센터의 AI 자동 응답 시스템이라면 정확도가 80% 전후라도 실용화가 가능합니다. 또는 AI가 판정 실수를 저질렀을 때, 콜센터 직원이 대응을 해줄 수 있는 시스템이라면 70% 정도라도 문제없이 사용할 수 있겠죠. 하지만 사람의 생명을 담보로 하는 의사의 진단 보조 수단으로 AI 감지 시스템을 개발하면 90%의 정확도로도 부족합니다. 현재 AI가 의사 대신 진단을 내리는 경우는 없지만, 70% 전후의 정확도로는 현장에 혼란만 야기할 것입니다.

이처럼 AI 시스템의 용도에 따라 요구되는 최소한의 정확도가 달라집니다. 100%에 가까운 정확도가 요구되는 경우도 있지만, 60% 정도의 정확도로 실용화가 가능한 경우도 있습니다.

'단 몇 퍼센트의 차이'라고 무시해서는 안 됩니다. 그 몇 퍼센트를 끌어올리기 위해 지금보다 몇 배나 되는 개발 비용이 들기도 하기 때문입니다. 최악의 경우, 2배의 비용을 들였는데도 정확도가 1%도 오르지 않을 때도 있습니다.

문과 계열 AI 인재는 '정확도가 최소 몇 %는 돼야 비즈니스가 성립'되는지를 멤버 전원에게 알려줘야만 합니다.

이 정확도를 알아내면 기계학습 엔지니어도 구체적인 공정 수를 쉽게 예측할 수 있어 '목표 달성' 의욕이 더 쉽게 생길 수 있습니다.

그리고 이러한 '최소한의 정확도'는 프로젝트의 성패를 결정짓는 분기점이 됩니다. 개발 비용을 추산할 때 이 '최소한의 정확도'를 숫자로 메모해 둡시다.

('최소한의 정확도'는 AI의 용도에 따라 달라진다)

AI의 정확도는 어떻게 판정하는가?

그러면 AI의 정확도는 어떻게 판정할까요?

'지도형 기계학습'의 경우, 사전에 학습 데이터(정답 데이터)를 준비하므로 '몇 퍼센트를 맞혔는가=정확도' 라고 생각하기 쉽습니다.

'전체 정답률=정확도'가 틀린 것은 아니지만, 완성된 AI를 평가하는 방법은 하나가 아닙니다. 예를 들어 입력 데이터를 '긍정' 또는 '부정'으로 판별하여 출력하는 '이중 분류(Binary Classification)'의 과제에서는 '혼동 행렬'의 기준으로 성능을 평가합니다.

사진이 '고양이인지 아닌지'를 판정하는 AI 시스템을 개발하는 경우, 이 혼동 행렬에 대입하면 다음과 같습니다(다음 페이지 그림 참조).

가로축은 '예측', 세로축은 '정답'이라고 가정할 경우, 고양이로 예측했는데 실제로 고양이였다면 'A=긍정의 정답', 고양이가 아니라고 예측했는데 실제로 고양이였다면 'B=부정의 오답', 고양이로 예측했는데 실제로 고양이가 아니었다면 'C=긍정의 오답', 고양이가 아니라고 예측했는데 실제로 고양이가 아니었다면 'D=부정의 정답'이 됩니다.

**(긍정의 정답, 부정의 오답, 긍정의 오답, 부정의 정답,
이렇게 4가지로 나눠서 생각한다)**

● 혼동 행렬

		예측	
		고양이	고양이가 아니다
정답	고양이	고양이라고 예측! 고양이였다. 긍정의 정답	고양이가 아니라고 예측! 고양이였다. 부정의 오답
	고양이가 아니다	고양이라고 예측! 고양이가 아니었다. 긍정의 오답	고양이가 아니라고 예측! 고양이가 아니었다. 부정의 정답

복잡해 보이는데 의미가 있는 건가?

이 혼동 행렬에서는 다음과 같이 4가지 수치를 산출하여 평가합니다.

● 정확도(Accuracy)

● 정밀도(Precision)

● 재현율(Recall)

● F값

그러면 순서대로 설명하도록 하겠습니다.

우선 정확도란 전체 중 'A(긍정의 정답)+D(부정의 정답)'의 비율을 나타내는 수치로, '긍정(고양이로 예측한 경우)'과 '부정(고양이가 아니라고 예측한 경우)'의 정답 확률을 가산합니다. 그렇지만 정확도만으로 판정하면 원본 데이터가 한쪽으로 치우쳐 있는 경우, 정확하게 평가하지 못할 가능성이 있습니다.

예를 들어 입력한 데이터의 90%가 고양이의 사진이었을 경우(실제로는 아무 것도 판정하지 않고), 모든 사진을 고양이로 판정하더라도 정확도가 90%에 달하고 말기 때문입니다. 따라서 정확도뿐만 아니라 정밀도와 재현율로도 판정한 값도 살펴봐야 합니다.

'긍정의 정답' 비율에 중점을 두는 정밀도

정밀도란 고양이라고 예측한 경우만 정답 비율로 나타내는 수치로, 'A(긍정의 정답)+C(긍정의 오답)' 합계 중 'A(긍정의 정답)'의 비율을 도출합니다. 즉, '고양이' 라고 예측했을 때에만 얼마나 맞힐 수 있을지를 판정하는 것입니다.

다시 말해 '고양이다' 라고 예측했을 경우의 정확도를 중시하고자 할 때의 지표입니다.

예를 들어 고양이를 스팸 메일에 비유해 보겠습니다. 한번 스팸 메일로 분류된 메일에 대해 재확인하는 경우가 거의 없다면 스팸 메일 안에 업무 메일이 섞여서 분류되면 굉장히 골치 아픈 일이 벌어지고 맙니다.

즉, 스팸 메일이 업무 메일로 분류되는 경우가 어느 정도 있더라도 '스팸 메일'이라고 분류된 메일은 가능한 한 높은 확률로 스팸 메일이어야만 합니다. 그럴 때는 정확도 외에 이 정밀도의 지표를 중시하여 판정합니다.

정답을 놓치지 않으려면 재현율, 균형을 생각할 때는 F값

이어서 재현율은 데이터에 포함된 '고양이' 중 몇 개를 '고양이'로 판정할 수 있을지를 비율로 나타내는 수치로, 'A(긍정의 정답)+B(부정의 오답)' 합계 중 'A(긍정의 정답)' 비율을 도출합니다.

이것은 '고양이임'을 절대로 놓치고 싶지 않을 때 중시하는 지표입니다.

예를 들어 '고양이'를 '위궤양'에 비유해 보겠습니다. 이 '위궤양'이라는 결과는 절대 놓쳐서는 안 됩니다. 그래서 '위궤양이 아니었다' 라는 결과가 어느 정도 포함되어 있더라도 거의 모든 위궤양은 위궤양으로 판정되어야만 합니다.

그럴 때는 정확도 외에 이 재현율의 지표를 중시하여 판정합니다.

이처럼 정밀도를 중시할지, 재현율을 중시할지는 학습모델이 다루는 데이터에 따라 달라집니다.

정밀도와 재현율은 한쪽을 중시하면 다른 한쪽이 소홀해지는 트레이드 오프의 관계에 있습니다.

그리고 그 균형을 살펴보기 위한 수치가 F값입니다. F값은 정밀도와 재현율의 조화 평균(비례 관계를 나타내는 것의 평균을 구할 때 이용하는 방법)으로 정의됩니다. F값은 정밀도와 재현율의 균형을 살펴보는 지표이므로 'F값이 높다고 해서 성능이 좋아지는 것'은 아닙니다.

기계학습의 학습모델을 혼동 행렬로 평가할 때는 정확도, 정밀도, 재현율, F값의 수치를 모두 참조합니다. 프로젝트의 목적에 따라 중시해야 할 지표는 달라지지만, 어느 한 가지 수치가 아니라 이 4종류의 수치를 모두 참조해야 한다고 생각하면 됩니다.

지금까지 지도형 기계학습의 '이중 분류' 과제에서 자주 사용되는 혼동 행렬을 설명했습니다. 이것은 어디까지나 분류 모델(진위를 가리는 모델)의 성능 평가에 사용되는 지표입니다.

회귀 모델(연속된 수치를 예측하는 모델)을 평가할 때는 결정 계수, 평균 제곱 오차, 제곱 평균, 제곱근 오차 등의 지표로 평가합니다.

이러한 지표를 이해하려면 통계학 지식이 필요하므로 여기에서는 생략하겠지만, 학습모델을 평가하는 방법은 많이 있다는 점만은 기억해 두시기 바랍니다.

('혼동 행렬'로 평가하는 핵심을 정리해보자!)

정확도

얼마나 맞혔는지,
전체 비율을 살펴본다.

		예측	
		고양이	고양이가 아니다
정답	고양이	**A** 고양이라고 예측! 고양이였다. 긍정의 정답	**B** 고양이가 아니라고 예측! 고양이였다. 부정의 오답
	고양이가 아니다	**C** 고양이라고 예측! 고양이가 아니었다. 긍정의 오답	**D** 고양이가 아니라고 예측! 고양이가 아니었다. 부정의 정답

정밀도

'고양이'라고 예측했을 때의
정답률에 중점을 둔다!

		예측	
		고양이	고양이가 아니다
정답	고양이	**A** 고양이라고 예측! 고양이였다. 긍정의 정답	**B** 고양이가 아니라고 예측! 고양이였다. 부정의 오답
	고양이가 아니다	**C** 고양이라고 예측! 고양이가 아니었다. 긍정의 오답	**D** 고양이가 아니라고 예측! 고양이가 아니었다. 부정의 정답

재현율

'고양이'라는 정답을 얼마나
알아냈는지에 중점을 둔다!

		예측	
		고양이	고양이가 아니다
정답	고양이	**A** 고양이라고 예측! 고양이였다. 긍정의 정답	**B** 고양이가 아니라고 예측! 고양이였다. 부정의 오답
	고양이가 아니다	**C** 고양이라고 예측! 고양이가 아니었다. 긍정의 오답	**D** 고양이가 아니라고 예측! 고양이가 아니었다. 부정의 정답

F값

정밀도와 재현율의
균형을 살펴본다.

		예측	
		고양이	고양이가 아니다
정답	고양이	**A** 고양이라고 예측! 고양이였다. 긍정의 정답	**B** 고양이가 아니라고 예측! 고양이였다. 부정의 오답
	고양이가 아니다	**C** 고양이라고 예측! 고양이가 아니었다. 긍정의 오답	**D** 고양이가 아니라고 예측! 고양이가 아니었다. 부정의 정답

혼동 행렬의 4가지 수치를 보는 방법

- 정확도만으로 판단할 수 없을 때 혼동 행렬을 살펴본다.
- 정밀도와 재현율 중 어느 쪽을 중시해야 할지를 생각해본다.
- 정밀도와 재현율의 균형을 판정하는 것은 F값이다.

데이터 세트 종류와 사용 방법

기계학습에서 사용하는 3종류의 데이터 세트

지금까지 지도형 기계학습의 데이터 세트를 준비하는 방법과 정확도 평가 방법을 설명했습니다. 이제부터는 기계학습에서 사용하는 '데이터 세트'의 용도를 설명하고자 합니다.

데이터 세트는 데이터의 집합체를 말합니다. 일반적으로 기계학습에서는 여러 개의 데이터 세트를 준비합니다.

데이터 세트는 주로 기계학습의 학습모델을 만드는 데 사용되지만, 그것만으로 개발이 완료되지는 않습니다. 학습모델의 정확도를 확인하거나 실제와 비슷한 환경에서 테스트해보려면 별도로 데이터 세트를 준비해 두어야만 합니다.

예를 들어 지도형 기계학습에서는 다음과 같은 3가지 데이터 세트가 필요합니다.

- 학습 데이터(트레이닝 세트)
- 검증 데이터(밸리데이션 세트)
- 테스트 데이터(테스트 세트)

학습 데이터는 처음에 이용되는 가장 양이 많은 데이터 세트입니다. 이것을 컴퓨터에 학습시켜서 여러 개의 프로토타입 모델을 만듭니다. 얼마나 만들지는 그때마다 달라지지만, 여기에서는 프로토타입 모델 ①과 프로토타입 모델 ②, 이렇게 2가지를 제작했다고 가정해 봅시다.

이어서 검증 데이터는 프로토타입 모델의 성능을 확인하기 위해 사용합니다. 검증 데이터를 프로토타입 모델 ①과 프로토타입 모델 ②에 입력하여 '어느 쪽이 뛰어난지'를 판단합니다. 이때 기계학습에서 사용한 알고리즘의 동작을 제어하는 하이퍼 파라미터를 조정하여 튜닝하는 경우도 있습니다.

여기에서 알아두어야 할 점은 검증 데이터는 학습 데이터와는 다른 별도의 데이터를 다시 준비해야 한다는 점입니다. 학습모델을 만들기 위해서 사용했던 학습 데이터를 다시 이용하면 당연히 좋은 결과(고정확도)가 나옵니다. 그렇게 되면 정확도를 검증했다고 볼 수 없으므로, 검증 데이터는 반드시 별도로 준비해 두어야 합니다.

예를 들어 여기에서는 프로토타입 모델 ①의 성능이 더 좋으므로 그쪽을 선택했습니다. 결과는 다음과 같습니다.

- 프로토타입 모델 ①의 정확도 ……85%
- 프로토타입 모델 ②의 정확도 ……70%

여기에서 주의해야 할 점은 이 '85%'가 최종 정확도가 아니라는 점입니다. 마지막에 다시 한번 테스트 데이터를 입력하여 평가합니다. 이때 테스트 데이터는 실제 서비스나 상품에 최대한 가까운 데이터를 준비합니다.

예를 들어 지도형 기계학습에서 온라인 쇼핑몰의 위조품 판매를 구분하는 AI 시스템을 만든다면 실제로 포함되어 있는 위조품 비율(예를 들면 5%)과 비슷한 상태의 테스트 데이터를 준비합니다.

이때 '정답: 50%, 오답: 50%'와 같이 실상과는 동떨어진 비율의 데이터를 테스트 데이터로 만들어 버리면 도입 시의 성능과 크게 달라질 가능성이 있기 때문입니다.

이처럼 지도형 기계학습의 개발에 사용할 데이터 세트는 학습 데이터, 검증 데이터, 테스트 데이터, 이렇게 3개로 나눠서 생각합니다.

각각 별도의 데이터를 준비해야 하므로 준비할 데이터의 양은 '합산'해서 생각하시기 바랍니다.

AI의 학습 방법이나 알고리즘에 따라 필요한 데이터의 양은 달라지지만, 대략 학습 데이터가 '10,000'인 경우, 검증 데이터와 테스트 데이터 모두 '1,000' 정도는 필요하다고 생각하시면 됩니다.

(지도형 기계학습에서는 3종류의 데이터를 활용한다)

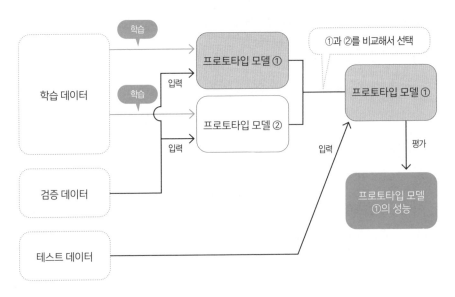

사고 훈련으로 상상을 넓혀보자

이번 장에서는 데이터 분석 단계에서 비용 추산이 필요하다는 점. 그리고 비용을 산출하기 위해 데이터를 분석하는 방법을 정할 필요가 있다는 점에 대해 설명했습니다. 그리고 어노테이션 매뉴얼 작성법도 소개했습니다.

자신의 프로젝트에 어떤 기술을 이용할 수 있는지 판단하려면 항상 AI 관련 최신 정보를 파악하고 있어야만 합니다.

그리고 '새로운 AI 프로젝트'에 관한 아이디어를 떠올리기 위해 AI 관련 뉴스를 살펴볼 때, '어떤 데이터를 사용해서 어떻게 과제를 해결했을지를 예측' 해보시기 바랍니다. 그것이 정답이든 오답이든 상관없습니다. 그런 생각 자체만으로 발상을 넓히는 데 좋은 사고 훈련이 되기 때문이죠.

마지막으로 요약용으로 데이터를 준비하기 위한 기입표를 준비했습니다.

제3장에서 정한 목표를 확인한 후에 ① AI에 요구할 수 있는 정확도, ② 데이터 소재, ③ 클렌징 방법, ④ 어노테이션 방법을 기입해 봅시다. ③, ④ 가 금방 떠오르지 않는다면 빈칸으로 두고, 기계학습 엔지니어와 상담해서 정해 봅시다.

데이터 분석 단계에서 문과 계열 AI 인재가 해야 할 일은 개발 비용 추산 입니다. 비용을 정확하게 추산하려면 이 단계에서 ③, ④를 명확히 해둘 필 요가 있습니다.

(지도형 기계학습에서는 3종류의 데이터를 활용한다)

❶ AI에 요구할 수 있는 정확도	%

❷ 데이터 소재	데이터 세트의 기초가 될 데이터를 기입

❸ 클렌징 방법	데이터를 수정할 경우에는 그 방법을 기입

❹ 어노테이션 방법 ※ 어노테이션이 필요한 경우	어노테이터에 의뢰하는 절차를 기입

제 **5** 장

[추진력]
AI 시스템 도입을 위한
7단계

어디를 향해 나아갈 것인가?

기계학습의 개발 과정에 다가가다

'추진력'은 개발을 관리하는 능력이다

제3장에서는 가설을 세울 때까지의 절차를 쫓아 '기획력'을 익히는 방법을 소개했습니다. 이어서 제4장에서는 데이터 분석 방법을 배우고, 문과 계열 AI 인재에게 필요한 '분석력'을 설명했습니다.

이제부터는 본격적으로 AI의 개발에 착수할 차례입니다. 시스템 엔지니어나 기계학습 엔지니어가 활약해줘야 할 단계이지만, 문과 계열 AI 인재도 가만히 손을 놓고 있어서는 안 됩니다.

제5장에서는 개발을 잘 진행하기 위해 어떠한 관리가 필요한지를 설명하고자 합니다. 그 관리를 실행에 옮기는 능력이 바로 '추진력'입니다.

아래의 그림을 다시 한번 참조해 주시기 바랍니다.

어노테이션을 진행한 디지털 데이터(학습 데이터)를 사용해서 기계학습의 학습모델을 개발하는 내용입니다.

개발 절차는 채용할 학습모델이나 알고리즘에 따라 미묘하게 다르지만, 여기에서는 일반적인 7가지 절차를 기준으로 자세히 설명하고자 합니다.

또한 개발을 진행하는 단계에서 AI 이외의 디지털 기술을 이용할 가능성도 있으므로, 그에 관한 대략적인 내용도 함께 소개하겠습니다.

(드디어 개발에 돌입! 주역은 기계학습 엔지니어)

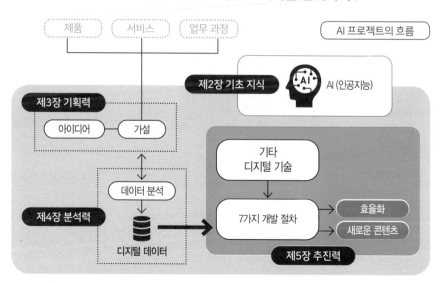

이해를 돕기 위해 레스토랑으로 비유하자면 레스토랑에서 '조리의 마무리 단계는 셰프에게 일임'해도 되지만, AI 프로젝트에서는 점장(문과 계열 AI 인재)의 조력이 필요합니다.

특히, 결정해야 할 부분이나 판단해야 할 부분을 잘못 대응하면 진행에 방해가 될 가능성이 있으니 주의해야만 합니다. 대응해야 할 부분을 개발 절차에 맞게 구체적으로 소개해 드릴 테니 핵심을 파악해 보시기 바랍니다.

우선 7단계의 개발 절차를 파악하자

기계학습의 개발 절차는 다음과 같이 7가지 절차로 구분할 수 있습니다.

이상의 7가지 절차는 크게 3가지 단계로 나눌 수 있습니다.

우선 1, 2단계는 준비 단계로, 이 단계에서 개발 직전 준비를 합니다. 이어서 3, 4, 5단계는 개발 단계입니다. 3단계에서 프로토타입을 만들고, 4단계의 PoC로 검증하여, 5단계에서 본격적인 개발에 착수합니다. 마지막으로 6, 7단계는 도입 단계입니다. 6단계에서 AI 시스템 도입을 시작하고 7단계에서 관리를 진행합니다.

그러면 순서대로 설명하도록 하겠습니다.

1단계 알고리즘의 선택은 제4장의 데이터 세트를 준비하는 단계에서 기계학습 엔지니어가 검토해야 할 작업입니다. 알고리즘에 따라 필요한 데이터 형식이 다르므로 실제로는 어노테이션을 진행하기 전에 정해야만 합니다.

알고리즘 선택이 늦어지면 준비해 둔 데이터 세트를 다시 한번 정리해야 할 수 있으니 주의합시다.

2단계 데이터의 정리는 기계학습의 데이터 세트를 입력할 수 있는 상태로 갖추는 공정입니다. 기계학습 엔지니어의 작업이니 기본적인 부분은 일임하지만, 사전 미팅이 불완전한 경우에는 이 단계에서 데이터 세트의 수정이나 추가를 요청하기도 합니다.

3단계 프로토타입 개발은 본격적인 개발을 진행하기 전의 시운전 단계와 같습니다. 이 단계에서 비용이 들지 않는 기본적인 방법으로 프로토타입 모델을 제작하여 어느 정도의 정확도가 예상되는지 대략 짐작할 수 있습니다.

4단계 PoC는 'Proof of Concept(개념 검증)'의 약칭으로 개념의 실현 가능성을 검증하는 작업을 가리킵니다. 프로토타입 개발을 통해 만든 AI 시스템을 다른 프로그램이나 주변 기기와 연결하여 실제로 사용할 수 있는지를 검증합니다.

PoC가 끝나면 5단계 개발에 돌입합니다. 여기에서는 3종류의 데이터 세트를 이용하여 본격적인 학습모델을 제작합니다. '학습→정확도 검증→재학습'을 반복하여 조금씩 정확도를 높여 나갑니다.

(기계학습의 개발 과정은 7단계로 구분하여 생각한다)

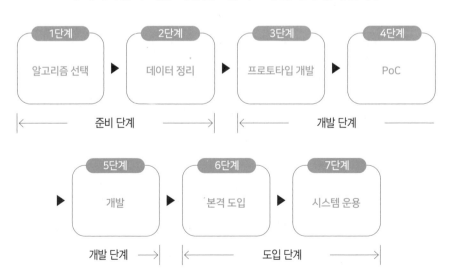

216

　기본적으로 기계학습 엔지니어에게 모두 맡기지만, 정확도 검증 부분에서는 문과 계열 AI 인재가 솔선수범해야 할 필요가 있습니다. 기계학습 엔지니어에게 다 맡기지 말고 검증의 결과를 공유해서 도웁시다.

　그리고 6단계 본격 도입과 7단계 시스템 운용은 문과 계열 AI 인재가 관리해야 할 아주 중요한 단계입니다. 도입 후에 어느 정도까지 더 개발할지 등 클라이언트 측의 결단이 중요한 핵심이 됩니다.

　그러면 각 단계별로 자세하게 살펴보기로 합니다.

알고리즘 선택하기

알고리즘에 따라 AI의 정확도가 현격히 바뀐다?!

'1단계 알고리즘 선택'에 대해 자세히 설명하고자 합니다.

기계학습에서 알고리즘이란 문제를 해결하는 절차와 방법을 의미합니다.

지도형 기계학습, 비지도형 기계학습, 강화학습은 각각 장단점이 존재하기 때문에 아무런 분석도 없이 무작정 특정 학습법을 정해 데이터 입력을 시작하면 안됩니다. 기계학습 엔지니어는 개발에 착수하기 전에 가장 큰 효과를 기대할 수 있는 알고리즘을 예측해서 결정해야 합니다.

또한 기계학습에서 데이터의 질과 양은 매우 중요한 요소지만, 적절한 데이터만 있으면 된다는 뜻도 아닙니다. 완전히 똑같은 데이터를 사용하더라도 알고리즘이 다르면 결과가 달라지기 때문입니다.

'어떤 알고리즘을 선택할지'는 기계학습 엔지니어가 결정하지만, 선택 결과가 어땠는지는 확인해볼 필요가 있습니다.

그 이유는 선택한 알고리즘에 따라 '2단계 데이터 정리'가 필요한 경우가 있기 때문입니다. 실제로 데이터를 어떻게 정리하면 좋을지, 어노테이터 단계로 돌아가야만 하는지 등도 기계학습 엔지니어와 상담해 보는 것이 좋습니다.

기계학습에 사용되는 대표적인 알고리즘

지도형 기계학습이 잘하는 '분류'와 '예측', 비지도형 기계학습이 잘하는 '클러스터링'과 '차원 축소' 등의 AI 관련 지식은 1단계 '알고리즘 선택'에서 도움이 됩니다.

다음 페이지에 지도형 기계학습과 비지도형 기계학습의 대표적인 알고리즘을 정리해 두었습니다.

일반적으로 자주 사용되는 알고리즘은 17종입니다. 각각 어떤 시스템인지, 어떤 처리가 이루어지는지를 외울 필요는 없지만, '어느 계통에 속하는지'는 알아 두는 것이 좋습니다.

(지도형 기계학습과 비지도형 기계학습의 대표적인 알고리즘)

	계통	알고리즘
지도형 기계학습	① 이중 분류 ② 다중 분류	k-최근접 이론(k-NN)
		로지스틱 회귀 공식
		서포트 벡터 머신(SVM)
		나이브 베이즈
		결정 트리
		랜덤 포레스트
		뉴럴 네트워크
	③ 회귀(예측)	선형 회귀
		리지 회귀
		Lasso
		서포트 벡터 머신(SVM)
		뉴럴 네트워크
비지도형 기계학습	④ 클러스터링	k-means(k-평균법)
		스펙트럴 클러스터링
		가우스 혼합 모델(GMM)
	⑤ 차원 축소	주성분 분석(PCA)
		LDA

알고리즘 계통을 파악해두면 기계학습 엔지니어와 의사소통을 취할 때 편리하기 때문입니다.

그러면 이 계통에 대해 조금 더 구체적으로 설명해 보겠습니다.

계통 ❶ = 이중 분류
계통 ❷ = 다중 분류
계통 ❸ = 회귀(예측)
계통 ❹ = 클러스터링
계통 ❺ = 차원 축소

계통 ① 이중 분류는 라벨링 된 데이터를 학습하여 2가지로 분류하기 위한 계산법입니다. 제4장에서 설명했듯이 메일 소프트웨어의 스팸 분류 등에 사용되는 알고리즘으로, 스팸 메일인지 아닌지를 판별할 때는 이중 분류 기법으로 계산합니다.

마찬가지 원리로 3가지 이상으로 결과를 분류해야 할 때는 계통 ② 다중 분류의 알고리즘을 사용합니다. 예를 들어 사진 속 피사체를 배경, 건물, 인물, 동물, 식물, 기계, 도구의 7가지로 분류하는 작업에서는 다중 분류의 알고리즘이 사용됩니다.

이어서 계통 ③ 회귀(예측)는 연속된 데이터를 토대로 미래를 예측하는 알고리즘입니다.

예를 들어 광고비를 얼마나 늘리면 매출이 어느 정도 늘어날지를 예측할 때 사용됩니다.

'분류'는 식별, '회귀'는 미래 예측!

그럼 '분류'와 '회귀(예측)'의 차이를 살펴봅시다. 다음과 같은 상황을 떠올려 보십시오.

제과 전문점인 '브라보 베이커리'에서는 2가지 AI를 활용하고 있습니다.

첫 번째 AI는 '빵을 식별하는 AI'로, 계산대 유리판 위에 구매할 빵을 올려두면 자동으로 합계 금액을 산출해 줍니다. 이 AI 시스템은 모든 종류의 빵 이미지를 학습하여 순식간에 유리판 위 빵을 식별합니다. 이것은 분류(계통 ② 다중 분류) 알고리즘을 이용하고 있습니다.

브라보 베이커리에서는 빵을 굽는 양을 조절하는 또 다른 AI 시스템을 이용하고 있습니다. 이 AI 시스템은 과거의 요일, 기온, 날씨 등의 데이터를 토대로 그날에 팔릴 빵의 양을 예측합니다. 그 덕분에 미리 매출을 예측하여 빵을 굽는 양을 조절하면서 비용을 절감할 수 있게 되었습니다.

이 AI에는 회귀(예측) 알고리즘이 이용되고 있습니다.

(베이커리의 발전을 돕는 서로 다른 유형의 AI)

사업 번창

빵을 식별하는 AI
||
계통 ② 다중 분류

빵을 구울 개수를 예측하는 AI
||
계통 ③ 회귀(예측)

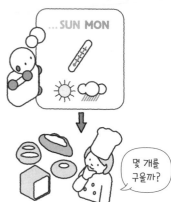

...SUN MON

몇 개를
구울까?

AI의 알고리즘을 선택할 때의 핵심

- 같은 학습법이라도 알고리즘이 다르면 할 수 있는 일이 달라진다.
- 한 가지 목표(사업 번창)를 위해 여러 개의 AI를 구분해서 사용할 수도 있다.

비슷한 것끼리 그룹으로 묶는 '클러스터링'

계통 ④, ⑤는 앞에서 배운바와 같이 '비지도형 기계학습'의 알고리즘입니다. 그중에서 계통 ④ 클러스터링은 비슷한 데이터를 몇 가지 그룹으로 정리하는 방법입니다. 예를 들어 대량의 텍스트 데이터를 자동으로 구분해주는 툴이나, 인터넷 쇼핑 시에 표시되는 상품 추천에 이러한 클러스터링 기법이 이용되고 있습니다.

'비지도형 기계학습'에서는 정답을 부여한 학습 데이터를 준비할 필요는 없지만, 어떤 데이터를 몇 종류로 준비해서 입력할지는 잘 생각해보아야 합니다.

클러스터링 중에서 가장 자주 이용되는 알고리즘은 'k-평균법(k-means)' 입니다. 그 밖에 '스펙트럴 클러스터링'이나 '가우스 혼합 모델' 등의 알고리즘도 사용됩니다. 각각의 알고리즘 시스템은 자세히 알 필요 없이 이름만 알아두시면 됩니다.

이어서 계통 ⑤ 차원 축소는 다차원의 정보 중에 중요한 정보만 남긴 상태에서 더 적은 차원의 정보로 반영합니다.

무수히 존재하는 차원을 3차원이나 2차원까지 차원을 축소하면 그림이나 그래프로 비교할 수 있게 되므로 데이터를 가시화할 수 있습니다. 특히, 데이터양이 방대해지기 쉬운 기계학습에서 데이터의 차원을 축소하면 계산 비용(계산하는데 드는 수고)을 대폭으로 줄일 수 있습니다.

차원 축소의 알고리즘으로는 '주성분 분석(PCA)'이 가장 유명합니다.

(사용자의 특성에 맞는 클러스터링)

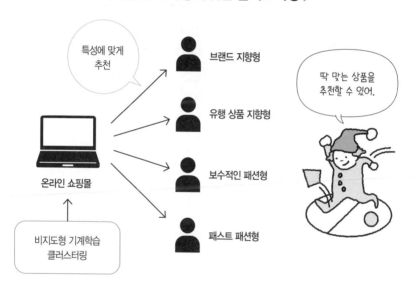

2단계

데이터 정리하기

학습 데이터는 기계학습 엔지니어가 정리한다

어노테이션 작업이 끝난 데이터 세트를 넘겨받은 기계학습 엔지니어는 정해진 학습모델에 학습을 시키기 위해 전달받은 데이터 세트를 직접 정리합니다.

예를 들어 화상 데이터라면 컴퓨터가 사진을 쉽게 인식할 수 있도록 사진의 포맷이나 해상도, 크기, 방향, 밝기, 색상 등을 정돈합니다. 사람도 판별할 수 없는 사진이나 학습 내용과는 관련 없는 사진 등은 사전에 제거하기도 합니다. 이처럼 데이터를 깔끔하게 정리하는 작업을 '클렌징'이라고 합니다.

또한, 사진에 포함된 특정 물체를 검출하는 시스템을 만드는 경우에는 어노테이션 단계에서 사전에 물체의 영역을 잘라내서 지정하는 처리를 진행하기도 합니다. 그럴 경우, 영역을 잘라내는 작업은 어노테이션 공정이므로 기계학습 엔지니어가 다시 정리하지 않아도 됩니다. 이와 관련된 절차는 사전에 기계학습 엔지니어와 상담해 두면 좋겠죠.

음성 데이터는 기계학습 엔지니어가 주파수, 소리의 강약, 소리의 간격 등 다양한 특징량을 추출하여 컴퓨터가 쉽게 인식할 수 있는 상태로 변환합니다.

한편 텍스트 데이터를 토대로 자연 언어 처리(사람이 일상에서 사용하는 말을 컴퓨터로 처리하는 기술)를 진행할 때, 기계학습 엔지니어는 형태소 분석(품사 분해) 및 구문 해석, 의미 해석 등을 처리하여 컴퓨터가 의미를 해석할 수 있는 상태로 만듭니다.

문과 계열 AI 인재가 이 단계에서 도와줄 수 있는 부분은 없지만, 데이터를 어떻게 처리할지는 어떤 알고리즘을 선택하느냐에 따라 달라지므로 기계학습 엔지니어가 어떤 작업을 하는지는 대략 알아 두는 것이 좋습니다.

특히 이후 공정에서 데이터 세트 추가, 어노테이션 수정 등이 필요할 때, 기계학습 엔지니어가 어떠한 공정으로 데이터를 정리하고 있는지를 숙지하고 있으면 신속한 대응이 가능하기 때문입니다.

(클렌징으로 사진을 정리한다)

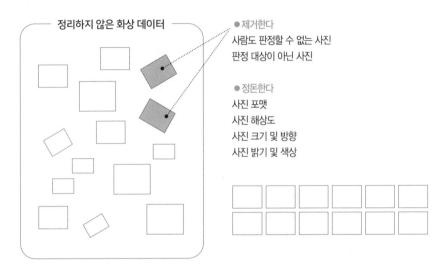

정리하지 않은 화상 데이터

● 제거한다
사람도 판정할 수 없는 사진
판정 대상이 아닌 사진

● 정돈한다
사진 포맷
사진 해상도
사진 크기 및 방향
사진 밝기 및 색상

3단계

프로토타입 개발하기

'프로토타입 모델'로 이미지를 공유한다

알고리즘에 맞는 데이터 세트 준비가 정리됐다면 프로토타입 개발에 착수합니다. 프로토타입 개발의 목적은 프로젝트와 관련된 멤버 전원에게 완성이미지를 공유하는 것입니다. 불완전한 형태라도 프로토타입을 만들어 보면실제 상황에서 사용하는 이미지를 쉽게 이해할 수 있습니다.

일반적으로 프로토타입 개발에서는 프레임워크 또는 라이브러리 방법이이용됩니다.

- 프레임워크 …… 템플릿화된 애플리케이션의 설계 구조를 이용하여 구성하는 방법
- 라이브러리 …… 프로그램 코드가 모인 파일을 이용하여 시스템을 구성하는 방법

일반적으로 라이브러리가 더 세세한 시스템 설계가 가능하지만, 그만큼 비용도 더 많이 듭니다. 실제로는 프레임워크와 라이브러리를 병용하는 경우도 있으니 불분명한 점이 있다면 시스템 전반을 관리하는 시스템 엔지니어에게 확인해 봅시다.

프로토타입 개발에 필요한 시간은 시스템의 규모나 방법에 따라 다르지만, 일반적으로는 몇 개월 정도 걸립니다.

특정 AI 프로젝트의 경우에는 개발 비용이 비교적 적은 기본적인 방법으로 학습을 진행하여 어느 정도의 정확도가 예상되는지를 시험해 보는 작업도 이 프로토타입 개발에 포함됩니다.

동시에 데이터 세트가 학습 데이터로 제대로 기능한지, 선택한 알고리즘이 효과적인지 등을 확인하는 공정이기도 하므로, 최악의 상황에는 '전체 수정이 필요하다' 라는 결론이 나오기도 합니다. 이 경우, 다음과 같은 수정 사항이 필요할 수 있습니다.

① 데이터 세트를 다시 만든다.

② 알고리즘을 변경한다.

③ 데이터 세트와 알고리즘을 변경한다.

경험이 풍부한 기계학습 엔지니어라면 이 시점에서 '어느 방법이 가장 정확도를 높일 수 있을지'를 어느 정도 예측할 수 있습니다.

①, ②, ③ 중 어느 방법으로 수정해야 할지는 상황마다 다르니 기계학습 엔지니어와 상담하여 판단하시면 됩니다.

'전체 수정이 필요하다' 라는 결론이 나오면 유감스럽기는 하겠지만, '본격적인 개발 단계에 돌입한 후에 알게 되는 것보다는 낫다'고 볼 수 있기에 다행이라고도 할 수 있습니다.

(어디부터 수정해야 하지? 생각해 볼 수 있는 3가지 선택지)

❶ 데이터 세트를 다시 만든다

문과 계열 AI 인재

어노테이터

❷ 알고리즘을 변경한다

문과 계열 AI 인재

기계학습 엔지니어

❸ 데이터 세트와 알고리즘을 변경한다

기계학습 엔지니어

문과 계열 AI 인재

어노테이터

예상했던 결과가 나오지 않았을 때의 핵심

- 기계학습 엔지니어에게 어떻게 수정해야 할지를 상담한다.
- 동시에 AI에 요구되는 정확도를 낮추는 것도 검토한다.

4단계

PoC(포크)

본 개발 전 단계의 검증 및 데모

4단계 PoC(포크)에 대해 설명하겠습니다.

'PoC'란 'Proof of Concept'의 약칭으로 '개념 검증'을 의미합니다. 즉, 완성된 시스템이 실제 사용 시 감당할 수 있는지를 검증하는 공정입니다.

PoC는 AI 프로젝트(또는 IT 업계)뿐만 아니라 연구 개발 분야 등에서 폭넓게 이루어지고 있습니다.

개발한 상품이나 서비스가 '실제로 큰 도움을 주지 못하는 일'이 벌어지지 않도록 실제보다 소규모로 아이디어나 기술적인 과제의 실현성을 검증하고, 방향성에 잘못된 부분이 없는지를 확인하는 공정입니다. 'PoC' 대신 '실증 실험'이라고 부르기도 하죠.

하지만 PoC가 필요하지 않은 경우도 있습니다. 그렇다면 과연 어떤 상황에서 필요하지 않을까요?

PoC를 진행할 필요가 없는 경우는 언제일까?

비즈니스 모델로 이미 정착되어 있거나, 이용하려는 기술이 이미 보급되어 있다면 PoC를 진행할 필요는 없습니다.

기업이 새로운 무언가를 도입하려 할 때, 기존 기술을 이용하는 것은 굉장히 현명한 선택입니다. 이미 보급된 기존 기술이라면 위험도 감소, 개발 비용 절감 등의 면에서 큰 이점이 있기 때문입니다.

새로운 기술 추구가 중요할 때는 연구 개발 자체가 목적인 경우입니다.

그렇다면 '기존 기술을 사용하면 PoC가 불필요하다' 라고 단정지어 말할 수 있을까요? 그렇지만 실제로 이렇게 선을 긋기는 어려운 점이 있습니다.

구체적으로 2가지 예를 들어 설명해 보겠습니다.

사례 A 구매 이력을 통한 추천

특정 의류 브랜드가 기존 시스템을 이용하여 '온라인 쇼핑몰에서 구매 이력을 통해 상품 추천을 진행한다' 라고 가정해 봅시다.

사례 B 추천 코디네이션 제안

특정 의류 브랜드가 구매 이력을 통해 추측한 체형, 열람 이력, 구매 시간 등의 데이터를 토대로 'AI가 개인의 취향을 추측하여 온라인 쇼핑몰에서 추천 코디네이션을 제안하는 서비스'를 진행한다고 가정해 봅시다.

사례 A의 경우에는 PoC가 필요하지 않습니다. '구매 이력을 통한 추천'이 기존 기술에 포함되어 있다면 일반적으로 자주 이용되고 있는 알고리즘을 이용하여 AI를 개발하면 됩니다. 때에 따라서는 기존 프로그램을 시스템에 탑재만 해도 충분할 수 있죠.

하지만 사례 B의 경우에는 여러 PoC가 필요합니다. 검증해야 할 사항은 다음과 같습니다.

- 체형, 열람 이력, 구매 시간 등 고객으로부터 취득한 데이터를 어떻게 사용할 것인가
- 취득한 데이터를 AI에 입력하여 어떤 출력 결과물을 얻을 수 있는가
- AI의 출력을 추천 코디네이션과 어떻게 연관 지을 것인가

AI에 어떤 데이터를 입력하여 어떤 출력 결과물을 얻을 수 있을지도 검증해야 할 사항이지만, 이 경우에는 출력 결과물을 구체적인 코디네이션과 어떻게 연관 지을 수 있을지가 중요합니다.

코디네이션을 제안하는 부분은 AI에 맡기기는 어려우니 전문 스타일리스트에게 의뢰하여 몇 가지 타입에 맞춰서 인기 코디네이션을 제안 받는 방법을 생각해 볼 수 있습니다.

즉, 고객을 몇 가지 타입으로 분류하는 작업은 AI의 일이지만, 그 타입에 맞는 코디네이션을 제안하는 작업은 스타일리스트의 일입니다.

만약 AI가 분류를 잘하더라도 스타일리스트의 제안이 매력적이지 않다면 해당 서비스는 성공할 수 없습니다.

사례 A와 B는 모두 온라인 쇼핑몰상의 서비스이니 '똑같은 것'이라고 생각할 수 있지만, 그 시스템에는 큰 차이가 있습니다.

사례 A의 '구매 이력을 통한 추천'은 이미 익숙한 서비스이니 그만큼 개발 비용을 줄일 수 있습니다. 하지만 사례 B의 '추천 코디네이션 제안'은 전에 없던 새로운 서비스이니 PoC가 필수입니다. 개발 비용도 꽤 들겠죠.

또 사례 A와 B 중 어느 서비스가 뛰어난지는 시험해 보지 않으면 알 수가 없습니다.

만약 코디네이션 제안이 매력적이라면 현재의 몇 배 이상의 매출을 달성할 수도 있습니다. 하지만 서비스가 그다지 매력적이지 않다면 사례 A의 '구매 이력을 통한 추천'으로 충분하다는 결과가 나올 수도 있죠.

PoC는 개념 검증이므로 컴퓨터상의 검증뿐만 아니라 서비스 전체를 검증해야만 합니다.

서비스 결과 예측도 PoC의 중요한 핵심입니다.

(PoC 필요 여부의 차이는 무엇인가?)

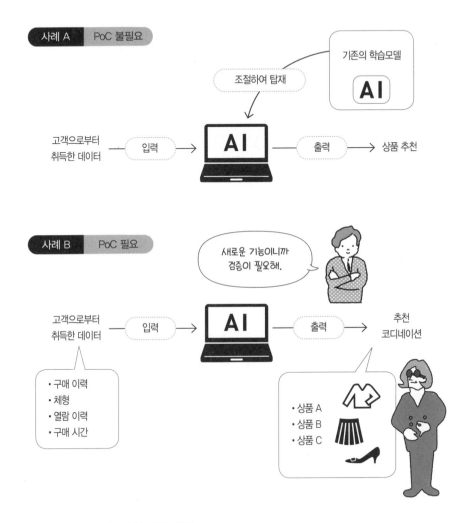

사례 A PoC 불필요

기존의 학습모델

AI

조절하여 탑재

고객으로부터 취득한 데이터 → 입력 → **AI** → 출력 → 상품 추천

사례 B PoC 필요

새로운 기능이니까 검증이 필요해.

고객으로부터 취득한 데이터 → 입력 → **AI** → 출력 → 추천 코디네이션

- 구매 이력
- 체형
- 열람 이력
- 구매 시간

- 상품 A
- 상품 B
- 상품 C

PoC의 필요 여부를 판단하는 핵심

- 검증이 불필요한 학습모델을 이용하고 있는가
- 검증이 필요한 새 기능이 포함되어 있는가

PoC를 진행하는 최적의 시기는?

그러면 PoC의 진행 시기를 생각해 보기로 합니다.

이 책에서는 3단계의 프로토타입 개발 후에 PoC를 진행하는 것으로 가정했습니다. 예를 들어 AI 시스템이 상품이나 서비스의 중심이 되는 기능을 갖추고 있고, 그 이외 기능이 거의 없는 경우에는 프로토타입 개발 후에 PoC를 진행해도 문제는 없을 것입니다.

하지만 실제로는 조금 더 이른 단계에 착수하는 경우도 있습니다.

예를 들어 데이터베이스, 결제 시스템, 관리 화면, 최첨단 기술 등 AI 이외의 주변 기능이 많이 있는 경우에는 일정을 앞당겨서 기획 단계부터 프로토타입 개발이나 PoC에 착수하는 편이 안전합니다.

특히 IoT로 각종 센서와 연계하는 경우에는 AI 시스템과는 별도로 PoC를 진행해야만 합니다. 여기에서 말하는 센서란 다음과 같습니다.

- GPS
- 광센서
- 조도 센서
- 가속도 센서
- 자이로 센서
- 지문 센서

각 센서의 기능 설명은 여기서는 생략하겠습니다. 하지만 적어도 센서에서 취득한 데이터를 어떻게 AI 시스템에 입력할지, AI 시스템 출력을 어떻게 이용할지 등은 미리 검증해 두어야만 합니다.

결국 AI에 다른 기술을 조합해서 사용하는 경우에는 별도로 PoC를 진행해야만 한다는 뜻입니다.

정확도가 높은 AI 시스템이 완성되더라도 조합할 기술이 불확실하다면 언제까지고 실용화할 수 없는 사태에 빠지고 맙니다.

센서 대신에 디지털 기기를 사용할 때도 마찬가지입니다.

예를 들어 농장에 드론을 날려서 채소 해충 피해를 확인할 때 촬영한 카메라의 성능이 기준에 미치지 못한다면 AI 시스템의 정확도가 아무리 높더라도 실용화는 어려워집니다.

또한, 스마트폰의 통신 속도, 컴퓨터 사양, 디바이스 관련 성능도 확인해야 할 중요한 항목입니다.

신기술과 조합하려면 서둘러서 PoC를 진행하라!

대형 IT 프로젝트에서는 AI 외에 다음과 같은 최첨단 기술 채용을 검토하는 경우가 있으니 주의해야 합니다.

- VR(가상 현실)
- AR(확장 현실)
- MR(복합 현실)

VR(가상 현실)은 'Virtual Reality'의 약칭으로, 컴퓨터에서 현실과 비슷한 가상 세계를 만들어 마치 현실 세계에 있는 것과 같은 감각을 체험할 수 있는 기술입니다.

AR(확장 현실)은 'Augmented Reality'의 약칭으로, 스마트폰이나 태블릿 등의 디바이스를 통해 현실 세계에는 존재하지 않는 것을 존재하는 것처럼 보여주는 기술입니다. 나이언틱과 주식회사 포켓몬이 공동 개발한 스마트폰용 위치 정보 애플리케이션인 '포켓몬GO'가 그 대표격이죠.

마지막으로 MR(복합 현실)은 'Mixed Reality'의 약칭으로, 가상 세계와 현실 세계를 융합하는 기술입니다. 위치 정보를 정확히 파악하여 현실 세계에 가상 세계를 반영하므로 콘텐츠를 실물처럼 보거나 만질 수 있습니다.

VR, AR, MR 모두 이미 실용화된 기술이지만, 각각 이용 조건이 다릅니다. 만약 이 기술들을 AI 프로젝트에 채용하는 경우에는 시스템에 도입할 수 있는지를 이른 시기에 검증해야만 합니다.

IoT, 각종 센서, VR, AR, MR 모두 시스템에 잘 도입만 하면 차별화된 비장의 카드가 될 수 있습니다.

이러한 신기술을 도입하는 경우에는 AI 시스템과는 별개로 서둘러서 PoC를 진행해야 합니다.

(VR, AR, MR 이용도 검토해 보자)

VR (가상 현실) Virtual Reality

**마치 영상 속에 들어온 듯한
체험이 가능한 기술**

(예) 전용 고글을 착용하여 라이브 콘서트장의 현장감을 맛볼 수 있다.
　　집을 구할 때 가상 현실 세계에서 미리 볼 수 있다.

AR (확장 현실) Augmented Reality

**현실 세계에 가상 세계를
겹쳐 보이게 하는 기술**

(예) 스마트폰으로 양복을 착용한 모습을 확인할 수 있다.
　　디바이스를 통해 동물도감을 입체로 볼 수 있다.

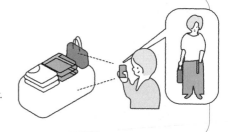

MR (복합 현실) Mixed Reality

**현실 세계와 가상 세계가
섞여 보이게 하는 기술**

(예) 3차원 건축 모형을 모든 각도에서 검증할 수 있다.
　　나무 한 그루를 CG로 재현하여 실제 마당에 가상으로 배치해 볼 수 있다.

> 각도를 바꿔서 보면
> 집을 세우기 전에 완성된 모습을
> 미리 파악할 수 있어.

그 밖의 최첨단 기술과 조합했을 때의 이점

● 조합을 통해 새로운 아이디어가 생겨난다.
● 흔한 AI 기술이라도 효과적인 결과를 얻을 수 있다.
● 사용자 인터페이스를 고려한 서비스를 제공할 수 있다.

수정 및 검증을 반복하여 적절한 모델을 구축한다

그러면 실제로 PoC를 진행하는 경우의 주의사항을 설명하겠습니다.

앞서 설명했던 프로토타입 개발은 우선 조각을 맞춰 보는 수준이었지만, PoC에서는 AI 시스템 이외의 주변 시스템을 거의 완성하는 것이 목표입니다. PoC는 가능한 한 소규모로 진행하지만, 동작의 안정성이나 편리성을 검증해야 하므로 기본적으로는 실제에 가까운 완성도가 요구됩니다. 또한 이 단계에서 회사 내 사람(제삼자)으로부터 유익한 피드백을 얻을 수도 있습니다.

유의해야할 사항은 아무리 아이디어가 뛰어나고 좋다고 하더라도 실제로 이용할 수 있을지는 알 수 없는 것입니다.

PoC는 개념 검증이므로 제삼자가 상품이나 서비스로 받아들일 수 있을지를 확인하는 것이 가장 중요한 핵심입니다.

다시 말하지만 아이디어가 아무리 괜찮더라도 실제로 검증해보면 다양한 과제나 문제점이 드러날 수 있습니다. 제삼자의 피드백을 통해 지금까지 눈치채지 못했던 과제나 문제점이 부각되기도 합니다.

따라서 아무리 뛰어난 AI를 개발하더라도 이러한 과제나 문제점을 해결하지 않으면 아무런 소용도 없습니다.

그렇기 때문에 문과 계열 AI 인재를 비롯한 클라이언트 측 멤버는 전력을 다해 'PDCA'를 반복하여 해당 과제나 문제점과 마주해야만 합니다.

참고로 'PDCA'란 'Plan(계획)→Do(실행)→Check(평가)→Action(개선)'의 4 단계를 반복해서 업무를 개선하는 품질 관리 방법입니다.

이 경우의 Plan(계획)은 PoC에서 발생한 과제나 문제점을 해결하는 방법을 말합니다. 계획을 실행하여 평가하고, 그것을 토대로 개선 방법을 생각하여 다음 계획에 활용합니다.

그리고 PoC에서 발생한 과제와 문제점을 모두 해결한 후에 'AI 시스템이 완성되기를 기다리기만 하면 되는 상태'로 만드는 것이 이상적입니다.

지금 가능한 일과 가까운 미래에 가능한 일을 구분한다

물론 PoC의 단계에서 과제나 문제점이 모두 해결되지는 않습니다.

PoC에서 당장 해결할 수 없는 큰 문제점이 발견되어 궤도를 수정하다 보면 당초보다 소규모로 프로젝트를 시작해야 할 수도 있습니다. AI 시스템의 개발을 포기하고 기존 프로그램을 조합한 단순 서비스로 전환하는 편이 더 낫다는 결론에 도달할 수도 있고요.

그래도 규모 축소나 대안은 나쁘지 않은 선택입니다. 이 단계에서는 쉽게 포기하지 않는 것이 중요합니다.

AI의 최첨단 기술은 나날이 진화하고 있으니 더 좋은 기술이 등장할 때까지 '한동안 방치해 두는 것'도 좋은 해결 방안이 될 수 있죠.

현재의 기술로는 불가능한 일이 2년 후, 5년 후에는 당연하다는 듯이 가능해질 수 있기 때문입니다.

예를 들어 앞서 예시로 들었던 온라인 쇼핑몰에서는 '코디네이션을 제안하는 부분을 AI에게 맡기기는 어렵다'고 설명했습니다. 그래서 스타일리스트가 '코디네이션을 제안'하는 역할을 맡게 되었죠.

지금이야 스타일리스트 몇 명이 제안을 진행하겠지만, 가까운 미래에는 AI가 고객과 어울리는 의류 매칭이나 고객과 스타일리스트의 궁합 등을 고려해 제안할 수 있게 될지도 모릅니다.

그렇기 때문에 지금 가능한 일과 가까운 미래에 가능한 일이 서로 무관하지 않은 경우도 있다는 점도 기억해 주시기 바랍니다.

그리고 PoC를 통해 '지금은 불가능한 일'이 어떤 것인지 확실히 파악해 놓으면 발상의 전환을 통해 '지금 가능한 일로 그와 비슷한 무언가를 실현할 방법'도 모색할 수도 있습니다.

이것은 비즈니스 모델의 문제이므로 기계학습 엔지니어가 정할 문제는 아닙니다. 이 부분은 문과 계열 AI 인재가 솔선해서 계속 나아갈 수 있는 길을 찾아야만 합니다.

('지금 가능한 일'과 '가까운 미래에 가능한 일'은 서로 무관하지 않다)

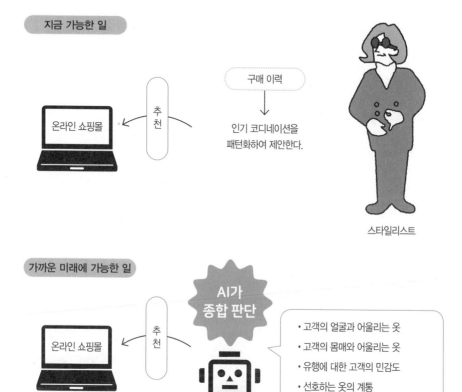

지금 가능한 일

온라인 쇼핑몰 ← 추천

구매 이력
↓
인기 코디네이션을
패턴화하여 제안한다.

스타일리스트

가까운 미래에 가능한 일

온라인 쇼핑몰 ← 추천

AI가
종합 판단

AI

- 고객의 얼굴과 어울리는 옷
- 고객의 몸매와 어울리는 옷
- 유행에 대한 고객의 민감도
- 선호하는 옷의 계통
- 선호하는 패션 경향

하고 싶은 일을 실현할 기회를 기다릴 때의 핵심

- 지금 불가능하더라도 완전한 실패는 아니다.
- 지금 불가능한 일도 가까운 미래에는 가능할 수도 있다.
- 때로는 타협을 통해 가능한 한 비슷한 형태를 목표로 삼을 필요도 있다.

247

과제 및 문제점을 정리하여 구분하자

마지막으로 PoC를 진행할 때의 3가지 주의사항을 설명하겠습니다.

① 목표를 다시 확인한다.
② 검증해야 할 내용을 확인한다.
③ 과제 및 문제점을 파악한다.

'① 목표를 다시 확인한다'에서 목표는 제3장에서 가설을 세울 때 설정했던 AI 프로젝트 전체의 목표를 말합니다.

만약 목표가 업무 개선이라면 이번 프로젝트를 통해 어느 정도의 시간과 비용을 절감할 수 있는지를 수치화하여 예측합니다.

예를 들어 지금까지 매월 10명이 처리해왔던 업무를 5명으로 처리할 수 있게 되면 5명분의 인건비가 비용 절감의 수치가 되겠죠. 하지만 어디까지나 이론상의 수치라는 점은 명심하십시오.

이 경우, '② 검증해야 할 내용을 확인한다'에서는 실제로 5명분의 작업을 줄일 수 있을지를 확인해야만 합니다.

PoC를 진행한 결과, 실제로는 3명분의 인건비만 절감할 수 있었다는 사실을 알게 되었다고 가정해 봅시다.

여기에서 생각해 봐야 할 점은 과제와 문제점입니다. 당초 5명분으로 줄일 수 있다고 예상했는데 어째서 3명분이 되었는지 그 이유를 생각해 봐야 합니다.

이것은 '③ 과제 및 문제점을 파악한다' 부분에 해당합니다.

그런 다음 발견한 과제 및 문제점을 분석하여 당초 달성하고자 했던 목표와 비교해 봅니다. 그래서 만약 5명분의 경비 절감이 힘든 경우에는 목표치를 4명분으로 낮춰서 PoC를 다시 진행합니다.

만약 목표가 새로운 콘텐츠 개발인 경우에는 그 콘텐츠에 따라 새롭게 생겨날 이익을 예측하여 수치화합니다.

새로운 콘텐츠의 경우, 실제로 상품이나 서비스가 보급될 때까지 이익을 예측하기 어렵지만, 그래도 몇 가지 방법은 있습니다.

콘텐츠의 내용에 따라 차이는 있겠지만, 적어도 다음과 같이 접근해 볼 수 있습니다.

- 설문조사 진행
- 한정 서비스 제공

고객 정보가 확보되어 있다면 설문조사 진행은 가장 간단한 검증 방법입니다. 상품이나 서비스가 좋고 나쁜지 뿐만 아니라 기능이나 가격에 대한 의견도 질문해 볼 수 있습니다. 고객을 대상으로 하기 어려운 경우에는 사내 설문조사 방법도 있습니다.

또, 시간이나 비용에 여유가 있다면 기간이나 대상을 한정하여 상품이나 서비스를 제공하는 방법도 있습니다. 전체 서비스를 제공하기 힘들다면 기능을 한정해서 진행해도 됩니다. 학습모델에서 자동화할 부분을 수동으로 대행하여 유사한 서비스를 제공하는 것이죠.

사용자에게 상품이나 서비스를 체험하게 해서 개선점을 발견할 수 있을지도 모릅니다.

어쨌든 새로운 콘텐츠 개발의 경우, '② 검증해야 할 내용을 확인한다'는 수익과 의견이라는 2가지 계통으로 나뉩니다. 따라서 '③ 과제 및 문제점을 파악한다'도 2가지로 나눠서 생각해야 합니다.

(AI 프로젝트의 과제나 문제점을 해결한다)

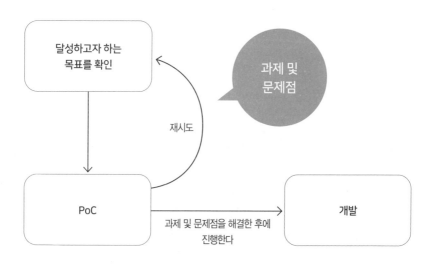

- 수익에서의 과제 및 문제점

- 사용자 의견에서의 과제 및 문제점

이와 같이 2가지 계통으로 나눠서 과제 및 문제점을 정리하여 모든 것을 해결하는 방법을 검토한 후에 다시 PoC를 시도합니다.

모두 해결할 수 없을 때는 최소한 이 정도까지 가능하면 괜찮다는 구분선을 정해 봅시다. 구분선을 정해두면 개발 시 쓸데없는 공정 수(수고)를 줄일 수 있습니다.

5단계의 개발 이행은 PoC의 과제나 문제점을 해결한 후에야 비로소 가능합니다. 소규모로 신속하고 빠짐없이 이 공정을 해결하면 프로젝트 성공의 확률이 훨씬 높아집니다. 이 단계에서 문과 계열 AI 인재의 실력을 보여줄 수 있는 대목이니 기회를 놓치지 마십시오.

5단계

개발하기

개발 기간 중에는 기계 학습 엔지니어를 돕는다

PoC가 종료되었다면 드디어 5단계의 개발에 돌입할 차례입니다.

일반적으로 기계학습의 개발은 학습모델 제작, 정확도 검증, 시스템 도입 이렇게 3가지 부분으로 나눌 수 있습니다.

앞에서 설명했듯이 '학습모델'이란 기계학습의 학습을 통해 제작된 파라미터를 갖춘 프로그램'을 가리킵니다. 일반적으로 학습모델은 2개 이상 제작하는 경우가 많아, 다음 정확도 검증 단계에서 검증 데이터를 이용하여 정확도를 비교한 후, 가장 좋은 학습모델을 선택합니다.

이 시점에서 사전에 예상했던 AI의 정확도에 도달하지 않았을 때는 다시 한번 학습모델 제작 단계로 돌아가서 다시 진행합니다.

여기에서 몇 번 다시 진행할지는 상황에 따라 달라집니다. 기계학습 엔지니어는 이 단계에서 특징량이나 알고리즘을 조정하여 '가능한 한 높은 정확도'를 목표로 삼습니다.

(개발은 3단계로 구분하여 생각한다)

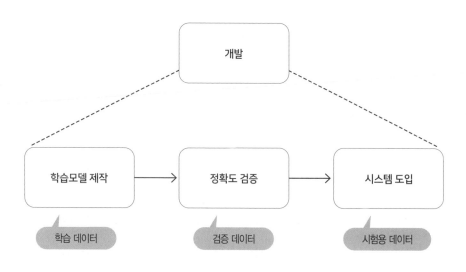

생각했던 성과가 나오지 않는 경우에는 앞서 언급했듯이 어노테이션부터 다시 진행하기도 합니다. '학습모델 제작 → 정확도 검증'을 몇 번이나 반복하

기보다는 완전히 새로운 학습모델을 만드는 편이 더 빠를 때도 있습니다.

이 부분에 관해서는 '왜 좋은 결과가 나오지 않는지', '어떻게 하면 정확도가 높아지는지'를 솔직하게 기계학습 엔지니어에게 물어봅시다.

기계학습 엔지니어가 무조건 정답을 알고 있지는 않겠지만, 이 부분이 굉장히 중요하니 망설이지 말고 꼭 물어보십시오. 문과 계열 AI 인재와 기계학습 엔지니어가 밀접하게 의사소통을 취하다 보면 해결책을 찾을 수 있을지도 모릅니다.

'정확도 검증'이 끝났다면 마지막으로 '시스템 도입' 단계에 돌입합니다.

AI 시스템 개발은 기계학습 엔지니어가 담당하지만, 상품이나 서비스의 토대가 되는 AI 이외의 프로그램은 시스템 엔지니어가 담당합니다. 즉, 기계학습 엔지니어가 개발한 AI 시스템을 시스템 엔지니어가 담당할 토대에 집어넣는 작업이 곧 '시스템 도입' 단계입니다.

이때 테스트 데이터를 이용하여 실제에 가까운 환경에서 최종 확인을 진행합니다.

확인 단계에서 생각했던 결과를 얻을 수 없는 경우에는 원인을 추적하여 조절해야 합니다. AI 시스템이 원인일 때도 있고, 토대가 되는 프로그램이 원인일 때도 있어 이 단계에서 무엇을 해야 할지는 특정할 수 없으니 문과 계열 AI 인재, 기계학습 엔지니어, 시스템 엔지니어가 함께 협력하여 조절해 나가기 바랍니다.

6단계

본격 도입하기

개발을 이어 나가면 AI 시스템이 진화한다

AI 시스템의 시운전 단계가 끝났다면 드디어 6단계 본격 도입으로 넘어갑니다.

AI 시스템의 경우, 사용하면 사용할수록 정확도가 높아지는 경우가 많으므로 개발 체제를 계속 유지하는 것이 좋습니다.

서비스를 시작하거나 상품을 발매한 후, 고객이 이용한 데이터를 추가적으로 활용하여 AI의 학습모델을 더욱 진화시킬 수 있다는 뜻입니다.

예를 들어 본격 도입 시 AI의 정확도가 70%라 하더라도 개발을 계속하면 80%, 90%로 정확도를 높일 수 있죠.

(본격 도입 후에 이용 데이터를 이용하여 피드백을 진행한다)

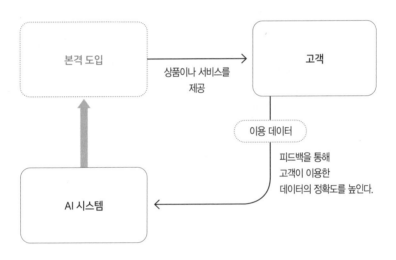

또, 개발 시기를 몇 가지로 나눠서 조금씩 AI 시스템을 진화시키는 방법도 있습니다. 서비스나 기능 일부를 포기한 후, 나중에 단계적으로 AI 시스템을 완성해 나가는 길도 선택할 수 있습니다. 예를 들어 본격 도입 시기에 투입하는 AI 시스템을 '제1기 개발'이라고 하고, 본격 도입 후에도 개발을 계속하는 것을 '제2기 개발'이라고 가정해 봅시다. 이 개발을 종료한 시점에서 새로운 서비스나 기능을 추가하고, 그 후에도 제3기, 제4기로 계속 개발을 진행하여 조금씩 버전을 업그레이드해 나갑니다.

가설을 세우는 시점이나 PoC 단계에 비용이나 납기를 고려하여 본격 도입 시에 실현 가능한 부분을 직접 제한하는 일은 흔히 있는 일입니다.

일단 진입 장벽을 낮추고 곧바로 가능한 부분부터 시작하는 것은 현실적인 선택입니다. 진입 장벽을 높여 PoC死를 발생시키는 선택보다는 현명하다고 볼 수 있죠.

(AI 시스템을 단계적으로 진화시키는 구조)

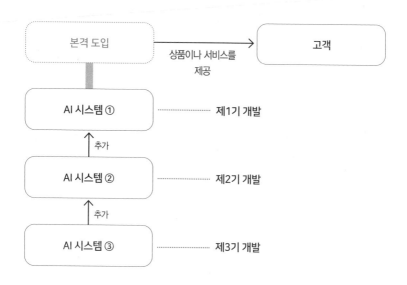

이처럼 본격 도입 후에 조금씩 진화해 나가면 최종적으로 당초 예상했던 수준에 도달할 가능성이 커집니다.

그리고 본격 도입 단계에서 얻어낸 이익을 제2기 개발에 투입할 수 있다면 조금씩 진화시킬 수도 있습니다. 여기서 한가지 유의해야 할 점은 이상을 쫓는 일 또한 중요하겠지만, AI 프로젝트 전체를 관리해야 하는 문과 계열 AI 인재에게는 현실적인 선택이 요구된다는 것입니다.

예를 들어 여러분의 팀이 의욕 넘치는 팀이라면 진입 장벽을 낮추는 일 자체가 그들의 사기를 저하할 위험성이 있습니다. '이상을 안 쫓으면 무슨 의미가 있어', '그렇게 간단한 일을 하라니 의욕이 안 생겨' 등등 불평불만의 소리가 터져 나올지도 모릅니다.

이때 팀 전체의 사기를 관리하는 일도 문과 계열 AI 인재의 업무입니다. '현시점에서는 ○○을 목표로 삼지만, 다음 단계에서 ××을 해결한 후, 최종적으로는 △△을 목표로 삼는다' 등과 같이 가능한 한 구체적으로 변경 사항을 설명해 보십시오. 팀 전체 멤버와의 궤도 수정 내용 공유가 중요합니다. 분위기가 심상치 않을 때, 리더인 여러분이 '미래의 비전'을 제시하면 멤버 전원의 사기를 떨어트리지 않고 유지할 수 있을 것입니다.

7단계

시스템 운용하기

관리 및 보수 방법을 결정하는 단계까지도 문과 계열 AI 인재의 업무이다

마지막 7단계 시스템 운용에서는 완성된 AI 시스템을 계속해서 관리하는 방법을 설명하겠습니다. AI와 상관없이 일반적인 IT 시스템에서는 다음과 같이 3가지 항목을 관리합니다.

- 네트워크 관리
- 시스템 관리
- 업무 운용 관리

네트워크 관리에서 중요한 점은 보안 관리와 에러 대처입니다.

보안 관리에서는 바이러스, 잘못된 접근, 정보 누출 등을 미연에 방지합니다. 에러 대처는 네트워크상의 하드웨어나 소프트웨어의 에러를 발견하여 복구하는 작업입니다.

이어서 시스템 관리는 AI 시스템을 안정적으로 가동하기 위한 관리입니다. 구체적으로는 서버나 주변 기기를 관리하는 기본 운용, 백업 대응, 비품 관리 등의 업무가 포함됩니다.

(시스템 운용은 관리와 보수, 이렇게 2가지로 구분해서 생각한다)

그리고 업무 운용 관리는 업무의 진행을 관리하는 것입니다. 작업이나 백업 일정을 관리하거나 사용자 등록 및 삭제를 관리합니다.

이 3가지 항목으로 관리할 때는 기계학습 엔지니어를 통한 정기적인 보수도 동시에 진행해줘야 합니다. 시스템 보수란 시스템의 문제 분석 및 수정, OS 및 소프트웨어의 업데이트 작업을 가리킵니다.

또, 이 부분은 개인이 판단하는 경우는 없지만, 시스템 운용에서도 클라우드화가 진행된다는 점은 파악해 두시기 바랍니다.

아직 온프레미스(사내 서버에 시스템을 소유하는 것)를 선택하는 기업이 많지만, 시스템 운용 및 관리 절차를 공개해 두면 '특정 사람이 자리를 비웠을 때 일을 진행하지 못하는 상황'은 벌어지지 않습니다.

또, 클라우드화를 실현하면 초기 도입 비용을 줄일 수 있고, 하드웨어 보수 작업이 불필요해집니다. 결과적으로 보수 인원도 절감할 수 있으니 클라우드화를 검토해 보기 바랍니다.

사내에 IT팀이 있다면 통상적으로 시스템의 관리 및 보수는 사내에서 이루어집니다. IT팀이 없다면 사외의 팀에게 맡겨야 하는데 차후에 인식의 차이로 인한 문제가 발생하지 않도록 사전에 확실히 업무 내용과 비용을 확인해 두시기 바랍니다.

AI 프로젝트에서는 '시스템 완성이 종료'를 의미하지는 않습니다. 본격 도입 후에도 계속해서 관리해야만 하죠.

문과 계열 AI 인재인 여러분이 언제까지 운용에 관여해야 할지는 회사의 사정에 따라 달라지겠지만, 첫 프로젝트라면 시스템 운용을 위해 관리 및 보수 방법까지 염두에 두고 있어야 합니다.

KPI의 결과를 살펴보면서 방향을 정하자

이제 제3장에서 정했던 KPI를 다시 생각해 봅시다. KPI는 '핵심성과지표'라는 의미입니다.

기업에 따라 평가 기준은 달라지지만, 일반적으로 프로젝트를 평가할 때는 미리 설정해둔 KPI에 맞게 숫자를 도출합니다.

KPI의 수치는 상품이나 서비스 내용이나 개발 비용 등의 요인으로 변화하므로, 구체적인 수치를 예로 들기는 힘듭니다.

그래서 여기에서는 간략하게 다음과 같은 4가지 판정을 상정하여 각각 나아가야 할 방향을 생각해 봤습니다.

- 판정 A ······ 예상보다 좋았다.
- 판정 B ······ 거의 예상대로였다.
- 판정 C ······ 예상보다 조금 안 좋았다.
- 판정 D ······ 예상보다 상당히 안 좋았다.

간단히 결론부터 말하자면 판정 A와 B는 성공이고, 판정 C와 D는 실패입니다.

AI 프로젝트의 판정이 A나 B라면 그 후의 선택지는 많아집니다.

만약 여러분이 당초부터 제1기, 제2기, 제3기로 개발 단계를 나눠서 생각했던 경우에는 예상했던 대로 다음 단계로 넘어갈 수 있습니다. 제1기의 성공이 당신의 실적이 되므로 회사 측과 개발 비용에 관해 협상할 때도 원활히 이야기가 진행될 것입니다. 제1기의 경험을 통해 제2기 개발이 더 효율적으로 진행될 수도 있습니다.

만약 예정했던 AI 시스템이 완성되어 있다면 성과가 나온 이 시스템으로 어떻게 수익을 늘릴지를 생각합니다. 어떤 부분이 성공으로 이어질지를 냉정히 분석하고, '강점'을 최대한으로 살릴 방법을 생각해 봅시다.

만약 AI 시스템의 정확도를 높이거나 기능을 충실히 만들어 '강점'을 살린다면 새로운 개발 비용을 그 부분에 집중시켜야만 합니다.

반면 성과를 올린 AI 시스템의 다른 버전을 제작하여 '강점'을 살린다면 완성된 AI 시스템의 운영을 제삼자에게 맡기는 경우도 생각해야 합니다. '다른 버전'의 새로운 기획을 생각하여 직장에서 제안하는 것이죠. 완전히 새로운 프로젝트가 아니므로 이전보다 더 잘 관리할 수 있을 것입니다.

여러분이 기업가가 아닌 이상 독단적으로 결정할 수 있는 부분은 없겠지만, (아무리 사소한 성공이더라도) 실적이 쌓였으니 더 즐겁고 편안한 마음으로 도전할 수 있을 것입니다.

실패를 실패로 끝내지 않기 위한 마음가짐

안타깝게도 판정 C나 D가 나온 경우에는 생각을 전환할 필요가 있습니다. 특히 AI 시스템을 유지하기 위해 많은 운영 비용이 드는 경우에는 조기 철수로 방향을 틀어야만 합니다.

'호전될 가능성이 아직 있다!' 라고 생각하기 쉽지만, 결단이 늦어지면 늦어질수록 부채만 늘어나고 맙니다.

애초에 '상품이나 서비스의 인지도가 낮다', '발매 시기가 안 좋다', '동종업 타사에서 먼저 비슷한 상품을 발매해 버렸다' 등, 패인은 얼마든지 있을 수 있지만, 아무런 근거 없이 '어떻게든 될 것이다' 라는 마음으로 버티는 것은 유리한 계책이라 볼 수 없습니다.

물론 판정 C나 D의 경우라도 설득력 있는 자료가 있다면 철수를 피할 가능성도 있습니다. 앞서 언급했듯이 실패의 원인이 기술적인 문제인 경우, 조금만 기다리면 '조금 더 좋은 방법'을 선택할 가능성이 있기 때문입니다.

예를 들어 이화학 연구소와 후지쯔가 2014년부터 개발을 진행해왔던 슈퍼컴퓨터 '후가쿠'는 세계 성능 순위에서 1위를 차지했습니다. 압도적인 성능을 자랑하는 '후가쿠'였지만, 차세대 양자 컴퓨터는 당해낼 수 없었습니다.

양자 컴퓨터의 성능이 훨씬 뛰어나서 계산 능력만 따져도 단순 계산으로 슈퍼컴퓨터의 9,000조 배에 달합니다. 슈퍼컴퓨터가 몇 년이나 걸린 계산을 양자 컴퓨터라면 몇 초 만에 끝낼 수 있을 정도로 뛰어나니 'AI와 양자 컴퓨터'를 조합하면 이전보다 '가능한 일'의 범위는 순식간에 늘어날 것입니다.

이처럼 혁신적인 기술의 탄생은 슈퍼컴퓨터의 분야에만 있지는 않습니다. AI와 유전자 공학, AI와 수소 에너지, AI와 신소재 등 상상만으로 설레는 조합은 이 밖에도 많이 있습니다.

어쩔 수 없이 철수하게 되는 경우에도 그저 미해결 문제라고만 생각하지 말고 '한시적 중지'라고 긍정적으로 생각해 보십시오. 물론 여러분이 기업에 소속된 직장인이라면 '철수'일지 '한시적 중지'인지는 경영진의 판단에 맡길 수밖에 없습니다.

하지만 (만약 실패하더라도) 여러분의 경험은 결코 헛되지 않습니다. 실패를 실패로 끝내지 않기 위해서라도 '반드시 성공시킨다'라는 마음을 계속 가지시기 바랍니다.

첫 도전에 대성공을 거두는 사람은 굉장히 드뭅니다. 나중에 성공을 거두는 사람들은 대부분 이와 같은 과정을 겪습니다.

한 프로젝트의 결과에 일희일비하지 말고 '문과 계열 AI 인재로 활약하는 일'에 계속해서 신경을 쓰다 보면 반드시 기회를 잡을 수 있을 것입니다.

제 **6** 장

AI를 사용해서
과제를 해결하고 싶다!
[성공 사례 14]

AI를 활용하여
비즈니스의 이상과 현실의 간극을 메운다!

지금까지 가설을 세워 데이터를 준비하고 개발을 관리하는 방법을 소개했습니다. 문과 계열 AI 인재가 AI 기획 담당자 또는 프로젝트 관리자로서 어떻게 프로젝트에 관여하면 좋을지 어느 정도 이해되었을 것입니다. 이제는 실제로 AI 프로젝트에 관여하여 경험만 쌓으면 됩니다.

AI의 기술을 활용하여 지금까지와는 달리 차별성 있는 새로운 상품이나 서비스가 탄생될 가능성이 큽니다.

기획 아이디어를 낼 때는 이러한 차별성에 주목해 보십시오. 지금 당장은 혁신을 일으키지 못하더라도 차별성을 축적해 나가다 보면 큰 성과를 이룰 수 있을 것입니다.

다음 페이지부터 제조나 건설, 보험, 정보 통신, 요식업 등 다양한 업종 및 업태의 14가지 AI 프로젝트 사례를 소개하고자 합니다.

각각의 사례를 2페이지 단위로 요약했습니다. 왼쪽 페이지는 각종 데이터와 소개문을 기재했으며, 오른쪽 페이지에는 '과제→AI 시스템→해결'의 순서로 그림으로 표현했습니다.

업종 및 업태가 다르더라도 발상법이나 과제 해결에 이르는 접근 방법에 참고가 될 만한 핵심을 찾을 수 있을 것입니다. 여러분이 앞으로 도입할 AI 프로젝트를 성공으로 이끌 힌트를 꼭 찾아보십시오.

사례 소개 페이지를 보는 방법

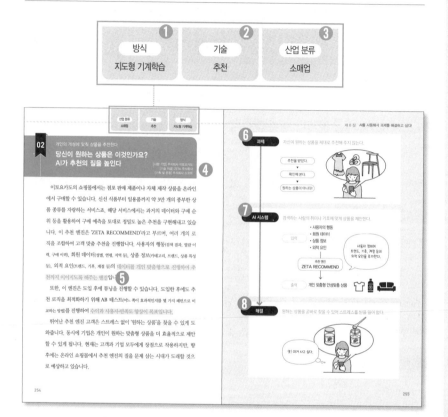

❶ 방식 : AI의 학습법

❷ 기술 : AI의 기술(135페이지의 'AI의 기술 목록'에 대응)

❸ 산업 분류 : 상품이나 서비스를 이용 중인 산업

❹ 기업 정보 : 시행 기업, 기술 제공 등

❺ 소개문 : AI 상품이나 서비스의 개요

❻ 과제 : 이전에 어떤 과제가 있었는가

❼ AI 시스템 : '입력'부터 '출력'까지의 흐름

❽ 해결 : 과제가 어떻게 해결되었는가

01

'적합한 인재는 어디에 있는가'를 AI로 예측

찾기 힘든 IT 인재!
기계학습으로 대량의 결과를 추출

【시행 기업 및 기술 제공】주식회사 Laboro.AI

엔지니어나 프로그래머 등의 IT 인재는 다양한 기술이나 풍부한 경험이 요구되므로 IT 인재를 찾기란 쉽지 않습니다.

그만큼 인재 파견 중개인(코디네이터)에게는 높은 정확도의 매칭 능력이 요구되므로 구인 사이트가 원하는 조건에 맞는 인재를 찾을 때까지 수많은 공정이 필요했습니다.

그래서 Laboro.AI(라보로 에이아이)가 시행했던 인재 매칭 관련 AI 개발 프로젝트에서는 과거 10년 분량의 구인 정보, 엔지니어의 지향성, 계약 성사 사례 등 60만 건 이상의 데이터를 이용하여 AI에게 학습시켰습니다.

이 매칭 솔루션은 글자, 수치, 변수 등의 데이터 조합에 대응하면서 대량의 데이터를 고속으로 처리합니다.

이 경우에는 조건이 완전히 일치하는 안건이 없을 때도 '중요한 조건'을 취사선택할 수 있게 하여 적정한 검색 결과를 유연하게 제시할 수 있도록 했습니다. 또 AI가 과거 이력을 토대로 학습하므로 계약 성사율도 예측할 수 있습니다. 따라서 인재 파견 중재인의 업무가 많이 감소되어 IT 인재에게 더 많은 커리어 플랜을 제안할 수 있게 될 것으로 예측하고 있습니다. 실제로 이 매칭 솔루션을 도입한 기업에서는 커리어 제안 수를 평균 약 1.2배까지 향상할 수 있을 것으로 전망하고 있습니다.

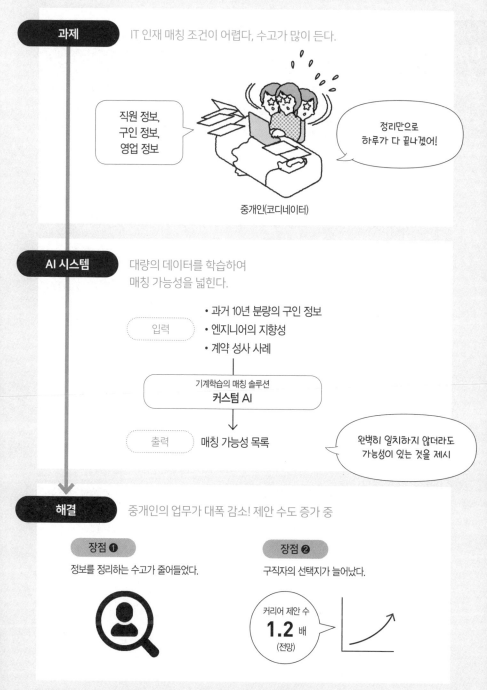

과제 IT 인재 매칭 조건이 어렵다, 수고가 많이 든다.

중개인(코디네이터)

AI 시스템 대량의 데이터를 학습하여
매칭 가능성을 넓힌다.

입력
- 과거 10년 분량의 구인 정보
- 엔지니어의 지향성
- 계약 성사 사례

↓

기계학습의 매칭 솔루션
커스텀 AI

↓

출력 매칭 가능성 목록

완벽히 일치하지 않더라도
가능성이 있는 것을 제시

해결 중개인의 업무가 대폭 감소! 제안 수도 증가 중

장점 ❶

정보를 정리하는 수고가 줄어들었다.

장점 ❷

구직자의 선택지가 늘어났다.

커리어 제안 수
1.2 배
(전망)

● 참고 자료 https://laboro.ai/wp-content/uploads/2019/12/Press-20190206.pdf

02 개인의 개성에 맞춰 상품을 추천한다

당신이 원하는 상품은 이것인가요?
AI가 추천의 질을 높인다

【시행 기업】주식회사 이토요카도
【기술 제공】ZETA 주식회사
【기획 및 운용】주식회사 스코프

이토요카도의 쇼핑몰에서는 점포 판매 제품이나 자체 제작 상품을 온라인에서 구매할 수 있습니다. 신선 식품부터 일용품까지 약 3만 개의 풍부한 상품 종류를 자랑하는 서비스죠.

해당 서비스에서는 과거의 데이터와 구매 순위 등을 활용하여 구매 예측을 토대로 정확도 높은 추천을 구현해내고 있습니다. 이 추천 엔진은 'ZETA RECOMMEND'라고 부르며, 여러 개의 로직을 조합하여 고객 맞춤 추천을 진행합니다. 사용자의 행동(검색 결과, 열람 이력, 구매 이력), 회원 데이터(성별, 연령, 지역 등), 상품 정보(카테고리, 브랜드, 상품 특성 등), 외적 요인(트렌드, 기후, 계절 등)의 데이터를 개인 맞춤형으로 진행하여 추천까지 이어지도록 해주는 엔진입니다.

또한, 이 엔진은 도입 후에 튜닝을 진행할 수 있습니다. 도입한 후에도 추천 로직을 최적화하기 위해 AB 테스트(어느 쪽이 효과적인지를 몇 가지 패턴으로 비교하는 방법)를 진행하여 수익과 사용자 만족도 향상이 목표입니다.

뛰어난 추천 엔진 고객은 스트레스 없이 '원하는 상품'을 찾을 수 있게 도와줍니다. 동시에 기업은 개인이 원하는 맞춤형 상품을 더 효율적으로 제안할 수 있게 됩니다. 현재는 고객과 기업 모두에게 장점으로 작용하지만, 향후에는 온라인 쇼핑몰에서 추천 엔진의 질을 문제 삼는 시대가 도래할 것으로 예상하고 있습니다.

03

산업 재해를 방지하기 위해 조례 시 위험 예지 활동에 AI를 활용

위험 예지 활동을 AI로 지원!
건설 현장의 산업 재해를 방지한다

【시행 기업 및 기술 제공】주식회사 FRONTEO

많은 기업에서는 건설 현장이나 공장에서의 산업 재해를 방지하기 위해 사원에게 올바른 지식과 정확한 행동을 몸에 익히는 위험 예지 훈련과 위험 예지 활동을 진행하고 있습니다. 이러한 활동을 통해 산업 재해로 인한 사상자 수는 감소 경향을 보이고 있지만, 여전히 충분치는 않습니다.

이 문제를 해결하기 위해서 FRONTEO가 개발한 해결책이 '기자시 키빗(兆 KIBIT)'입니다. 기자시 키빗에 당일 작업 내용을 입력하면 AI에게 학습시켜 둔 과거 재해 사례에서 작업 내용에 유사한 사례를 추출하여 관련성 높은 순서대로 제시해 줍니다.

과거에 실제로 일어난 산업 재해 사례를 이용하므로 작업원에게 구체적인 대처법을 전달할 수 있습니다. 즉, 형식적으로 이루어지기 쉬운 조례 시 주의사항 전달을 더 실질적으로 개선할 수 있는 셈이죠.

또한 직종, 작업 내용, 사용하는 기계 등의 정보를 입력하면 AI가 순식간에 해당하는 과거 사례를 검색해 줍니다. 따라서 경험이 적은 작업이나 급한 작업 내용 변경 등에도 신속하게 위험성을 파악할 수 있습니다.

게다가 한 번 표시된 사례는 30일간 표시되므로 동일 작업이 연속적으로 진행되는 경우에도 더 효과적으로 주의사항을 전달할 수 있습니다. 작업원의 소중한 생명을 지키기 위해 AI 시스템이 다양한 현장에서 활용되고 있습니다.

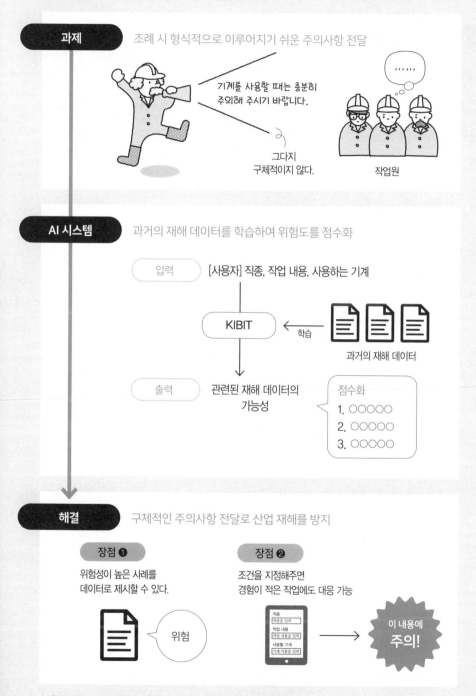

04 AI가 SNS 콘텐츠를 분석하여 맵으로 축적

특정 장소를 방문한 사람들의 감상이나 인상 등을 데이터화 해 다시 방문할 수 있도록 매력적인 거리로 만든다.

【시행 기업】주식회사 다케나카 공무점
【기술 제공】주식회사 MatrixFlow

최근 ICT(정보 통신 기술)를 활용하여 친환경적이고 매력적인 거리를 조성하기 위한 활동이 많아지기 시작했습니다.

매력적인 거리를 조성하려면 '사람'에 관한 데이터가 매우 중요합니다. 지금까지는 사람의 위치나 인원수, 체류 시간을 측정하는 '인파 데이터'를 참고해 왔습니다. 하지만 이 데이터에는 사람들이 왜 그 장소를 선택했는지, 그 장소에 어떤 인상을 가지고 있는지 등의 평가는 포함되어 있지 않았죠.

그래서 다케나카 공무점은 기계학습의 기술을 이용해서 SNS의 '콘텐츠에서 업로드한 사람'의 속성을 추정하는 툴(소셜히트맵®)을 개발했습니다. 이 툴은 위치 정보가 포함된 SNS 콘텐츠를 AI가 분석하여 실제로 그 장소를 방문한 사람의 성별, 연령, 목적, 인상 등을 가시화해주는 툴입니다. 구체적으로는 다음과 같은 순서로 데이터를 수집합니다.

① 해당 거리 관련 SNS 콘텐츠를 추출

② 업로드한 사람의 속성(성별이나 연령 등)을 추정

③ 콘텐츠 카테고리(식사, 이벤트, 관광 등)와 인상(긍정적, 부정적)을 분류하여 평가를 축적

④ 매핑, 그래프화, 키워드 표시를 가시화

위치 정보와 평가를 연결 지은 데이터를 수집하여 거리 활성화, 입점 유도 등의 문제 해결에 도움을 줄 수 있을 것으로 전망하고 있습니다.

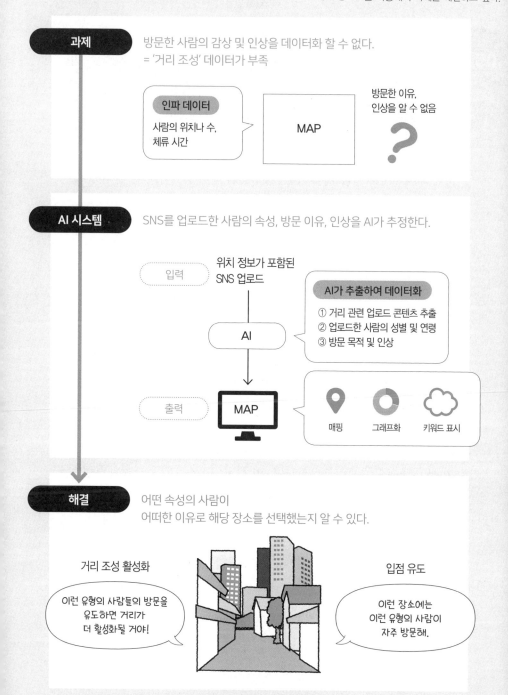

● 참고 자료 https://prtimes.jp/main/html/rd/p/000000011.000041251.html

※ 소셜히트맵®은 다케나카 공무점의 등록 상표입니다.

05 AI가 평가하는 영업을 위한 셀프 트레이닝

말투, 표정, 목소리를 수치로 평가
첫인상이 좋아지도록 도와주는 지원 서비스

【시행 기업 및 기술 제공】 미쓰이스미토모 해상 아이오이 생명보험 주식회사, 【기술 제공】 주식회사 NTT 데이터

보험 회사에서 영업을 활동하려면 첫인상이 매우 중요합니다. 첫 대면에 안심감을 주는 것이 보험 계약의 첫 단계이기 때문이죠. 그래서 미쓰이 스미토모 해상 아이오이 생명보험 주식회사에서는 사원과 대리점의 인재 육성을 위해 표정과 목소리에서 받을 수 있는 첫인상을 시각화하는 NTT 데이터의 서비스 'ComAnalyzer™(컴애널라이저)'를 채용했습니다.

이 서비스를 이용하면 화자(영업사원)의 표정, 감정, 목소리 등을 파라미터화하여 인상 점수를 산출해줍니다.

스마트폰으로 화자가 사업 협상 시에 사용하는 영업 멘트를 영상으로 촬영하면 거의 실시간으로 해당 영상을 분석하여 촬영 종료 후 몇 초 안에 분석 보고서가 출력됩니다. 스마트폰으로 간단히 확인할 수 있으며, 컴퓨터로는 더 자세한 보고서를 열람해볼 수 있습니다. 이 서비스에서는 얼굴 근육의 움직임을 추적하여 AI가 기쁨, 슬픔, 분노, 놀람 등의 감정을 인식합니다. 그뿐만 아니라 말하는 속도, 목소리의 음량이나 높낮이를 통해 말투를 식별합니다. 이렇게 취득한 데이터를 수치하여 종합적으로 평가하는 시스템이죠.

AI가 단시간 안에 첫인상을 판정해 주므로 효율적으로 영업 멘트를 연습할 수 있습니다. 평가를 반영시키는 순위 기능 등이 있어 몇 번이고 시도해보고 싶어지는 게임의 특성도 가지고 있습니다. 지금까지 어려움을 겪었던 영업 분야에서 셀프 트레이닝 툴로 주목받고 있습니다.

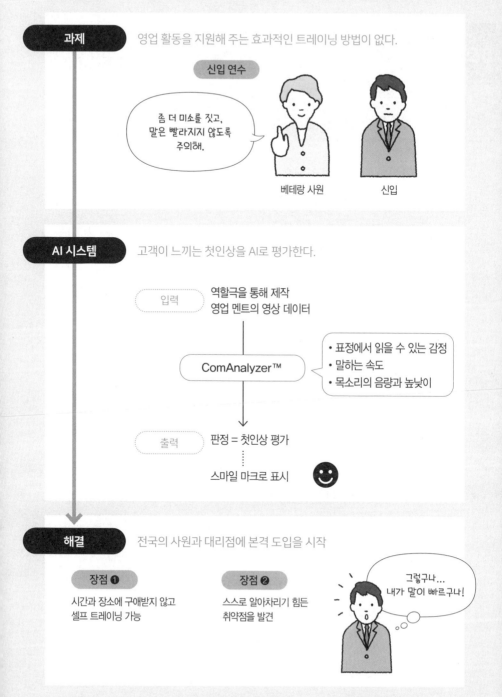

과제

영업 활동을 지원해 주는 효과적인 트레이닝 방법이 없다.

신입 연수

좀 더 미소를 짓고,
말은 빨라지지 않도록
주의해.

베테랑 사원   신입

AI 시스템

고객이 느끼는 첫인상을 AI로 평가한다.

입력

역할극을 통해 제작
영업 멘트의 영상 데이터

ComAnalyzer™

• 표정에서 읽을 수 있는 감정
• 말하는 속도
• 목소리의 음량과 높낮이

출력

판정 = 첫인상 평가

스마일 마크로 표시

해결

전국의 사원과 대리점에 본격 도입을 시작

장점 ❶

시간과 장소에 구애받지 않고
셀프 트레이닝 가능

장점 ❷

스스로 알아차리기 힘든
취약점을 발견

그렇구나...
내가 말이 빠르구나!

● 참고 자료 https://www.nttdata.com/jp/ja/case/2019/101700/

06

참치 장인의 감별 능력을 학습한 AI 애플리케이션

회전초밥 체인 '구라스시'가 참치의 품질을 판정하는 AI를 도입

【시행 기업】 구라스시 주식회사, 주식회사 덴츠, 소지쯔 주식회사
【기술 제공】 주식회사 덴츠, 주식회사 덴츠국제정보서비스

숙련된 장인의 참치 감별은 매우 귀중한 기술입니다. 생선 살이나 지방 분포도 등을 '꼬리의 단면'으로 판단할 수 있는 장인의 기술은 장인 한 사람 한 사람이 오랜 시간에 걸쳐 감과 경험을 통해 독자적으로 익힌 '암묵지'입니다. 습득하는데 최소 10년의 세월이 필요하며 고령화로 인해 후계자 부족이 더욱 심각해지는 상황에서 딥러닝을 활용하여 장인의 참치 감별 기술을 AI에게 계승한 시스템이 바로 'TUNA SCOPE'입니다.

개발처인 덴츠는 전국의 어장과 공장에서 방대한 양의 참치 꼬리 단면 사진을 수집한 후, 숙련된 장인의 품질 판정 데이터와 대조하여 '양질의 참치는 어떤 형태를 띄는지'를 학습시켜 품질을 임의의 단계를 거쳐 판정하는 시스템을 개발했습니다. 최종적으로는 베테랑 장인의 판정 결과와 90%를 초과하는 일치율을 달성하여 스마트폰 애플리케이션으로 만들어졌습니다.

2020년 7월, 대기업 회전 초밥 체인 '구라스시'에서는 해외와 국내 이동이 제한되는 코로나 시대의 상황에 맞게 TUNA SCOPE를 이용한 새로운 구매 방법을 채용한 후, 해외 이동이 불가능한 장인 대신에 AI가 감별을 진행하여 최고 등급으로 판정된 참치를 '최상급 숙성 AI 참치'로 판매했습니다. 이러한 대처 방식은 참신한 아이디어로 코로나 시대의 위기를 극복한 사례로 큰 주목을 받았습니다. 'TUNA SCOPE'는 장인의 숙련된 기술과 경험치를 후세에 계승해 줄 수 있는 AI로 기대를 받고 있습니다.

과제

참치를 감별하지 않고서는 품질을 예측할 수 없다.

참치의 꼬리 단면으로 예측

센스가 있는 사람이라도
제 구실을 하려면
10년이 걸리지.

참치 중매인(장인)

AI 시스템

장인의 판정 결과를 토대로 꼬리 단면으로 품질을 판정

입력

[학습 데이터]
꼬리 단면 사진 + 장인의 판정 결과

TUNA SCOPE

출력

품질을
A, B, C 등급으로
판정

A   B   C

해결

AI 애플리케이션으로 누구나 신속하고 간편하게
품질을 판정할 수 있다.

장점

장인의 감별을 통해 맛있는 참치를
전 세계 사람들에게 제공

TUNA SCOPE로 A등급으로
판정된 참치

● 참고 자료 https://tuna-scope.com/jp/

07 도로를 촬영한 영상으로 '손상된 부분'을 판정

영상과 GPS로 도로의 균열 및 파손을 감지! 인프라 정비에도 빼놓을 수 없는 AI

【시행 기업】후쿠다도로 주식회사
【기술 제공】NEC(니혼전기 주식회사)

니가타현에 있는 건설 회사 후쿠다도로와 NEC는 AI 기술을 이용하여 도로의 균열이나 파손을 감지하는 '포장 손상 진단 시스템'을 개발했습니다.

지금까지 국가나 지자체에서는 전문 기술자가 육안으로 도로 상태를 확인했기 때문에 인건비 등의 조사 비용이 큰 부담이었습니다. 일본 도로의 총 연장 거리는 120만 km를 넘습니다. 도로를 보수하기 이전에 어느 부분에 문제가 있는지 조사하는 것만으로도 큰일이 될 수밖에 없죠.

이 시스템에서는 딥러닝 기술을 이용한 'NEC Advanced Analytics − RAPID 기계학습'을 활용했습니다. 조사 차량에 일반적인 비디오카메라를 장착하여 달리면서 촬영한 노면의 영상을 분석하면 노면의 바퀴 자국(Rutting, 자동차 타이어로 인한 도로 침하)이나 균열을 동시에 검출하여 노면의 품질 저하 수준을 판정할 수 있습니다. 또 노면의 영상과 동시에 기록한 GPS 정보를 활용하여 지도상의 위치를 특정할 수 있습니다.

실증 실험을 통해 전문 기술자의 육안 검사와 같은 정확도로 노면의 바퀴 자국과 균열을 동시에 검출할 수 있다는 사실을 파악했습니다.

향후에는 도로의 보수 계획, 보수 공사, 보수 평가 등 일련의 공정에서 AI를 활용한 최적화를 목표로 삼고 있다고 합니다.

인프라 정비는 일상생활을 뒷받쳐 주는 중요한 과제입니다. 이 분야에서도 향후에는 AI의 활용을 통한 효율화가 당연해질지도 모릅니다.

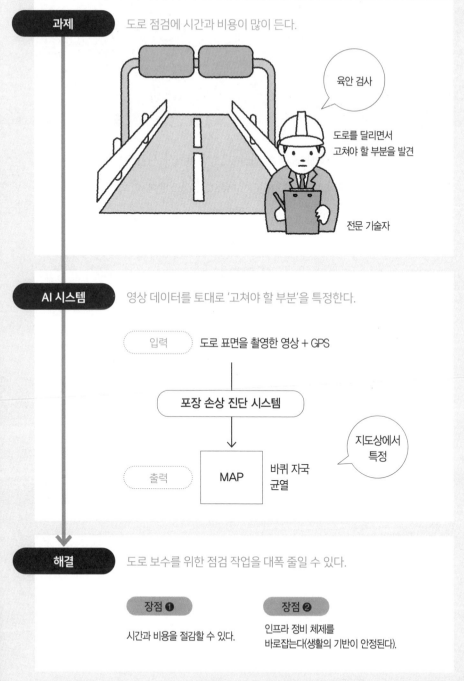

과제 도로 점검에 시간과 비용이 많이 든다.

육안 검사

도로를 달리면서
고쳐야 할 부분을 발견

전문 기술자

AI 시스템 영상 데이터를 토대로 '고쳐야 할 부분'을 특정한다.

입력   도로 표면을 촬영한 영상 + GPS

포장 손상 진단 시스템

지도상에서
특정

출력   MAP   바퀴 자국
균열

해결 도로 보수를 위한 점검 작업을 대폭 줄일 수 있다.

장점 ❶

시간과 비용을 절감할 수 있다.

장점 ❷

인프라 정비 체제를
바로잡는다(생활의 기반이 안정된다).

● 참고 자료 https://jpn.nec.com/press/201701/20170131_01.html

08

손으로 쓴 숫자를 100%에 가까운 정확도로 판독하는 OCR을 개발

택배 회사의 운송장 집계를 자동화
데이터 입력 및 분리 시간을 단축

【시행 기업】사가와큐빈 주식회사
【기술 제공】SG시스템 주식회사, 퓨처아키텍트 주식회사

1년간 약 14억 개의 택배 물품을 취급하는 택배회사 사가와큐빈. 성수기에는 하루에 100만 장이나 되는 운송장을 수동으로 시스템에 입력해 왔습니다.

현재는 딥러닝의 OCR(글자 인식 기술)을 사용한 새로운 시스템을 도입하여 운송장을 판독하여 데이터를 입력하는 부분까지 자동화되어 있습니다.

SG시스템과 퓨처아키텍트가 독자 개발한 새 시스템이 도입되면서 운송장 입력 작업을 월간 약 8,400시간이나 단축할 수 있었습니다. 현재는 남은 노동 시간을 최대한으로 활용하고 있다고 합니다.

운송장의 수기로 쓴 숫자(중량, 크기를 나타내는 수치 등)는 요금 결정의 기준이 되는 중요한 데이터입니다.

이 새 시스템의 수기 숫자 인식 정확도는 99.995% 이상에 달하고 있어 '동그라미' 안에 있는 숫자나 취소선으로 수정된 숫자도 판독할 수 있습니다. 또, 기입 시에 마찰 얼룩이 생기거나 운반 과정에서 글자에 흠집이 생긴 운송장에서 문제없이 숫자를 판독할 수 있습니다.

사가와큐빈에서는 이번 새 시스템 개발에서 축적된 AI 기술을 홀딩스그룹 각사에 순차적으로 선보이고 있습니다. 또한 AI를 활용한 OCR 플랫폼 서비스인 'Biz-AI×OCR'을 개발하여 급여 지급 보고서를 비롯한 다양한 장부에도 대응 가능하도록 하는 등 자사의 OCR을 일반 서비스로 선보이고 있습니다.

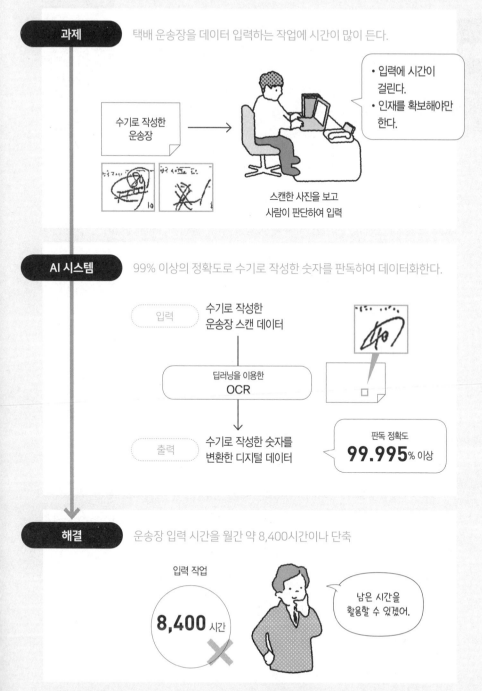

과제 택배 운송장을 데이터 입력하는 작업에 시간이 많이 든다.

수기로 작성한
운송장

스캔한 사진을 보고
사람이 판단하여 입력

• 입력에 시간이
  걸린다.
• 인재를 확보해야만
  한다.

AI 시스템 99% 이상의 정확도로 수기로 작성한 숫자를 판독하여 데이터화한다.

입력 수기로 작성한
      운송장 스캔 데이터

딥러닝을 이용한
OCR

출력 수기로 작성한 숫자를
      변환한 디지털 데이터

판독 정확도
99.995% 이상

해결 운송장 입력 시간을 월간 약 8,400시간이나 단축

입력 작업

8,400 시간

남은 시간을
활용할 수 있겠어.

● 참고 자료 https://www2.sagawa-exp.co.jp/newsrelease/detail/2019/0802_1473.html

09

회의 참가자의 음성을 자동으로 텍스트 데이터로 변환

자주 사용하는 단어나 말버릇을 학습하여 점점 똑똑해지는 의사록 작성 툴

【시행 기업 및 기술 제공】주식회사 오르츠(Alt, Inc.)

지금까지는 회의가 끝나면 당연하다는 듯이 수기로 메모해둔 내용을 보면서 의사록을 작성했습니다. 참가자가 많거나 회의 시간이 길어지면 상당한 수고가 드는 작업이죠. 이러한 의사록 작성 업무를 줄이기 위해 개발되어 일반에 제공되고 있는 시스템이 바로 'AI GIJIROKU'입니다.

이 툴을 이용하면 회의 참가자의 음성을 녹음하고 기록하여 음성 인식을 통해 실시간으로 텍스트 데이터로 변환할 수 있습니다. 정확도 높은 화자 구분 기능도 탑재되어 있어 참가자가 늘어나도 정확하게 발언자를 특정할 수 있습니다. 기존의 의사록 작성 툴에서는 음성 인식이 잘못된 경우, 그때마다 직접 수정해야만 했습니다.

하지만 이 툴은 화자의 음성 데이터를 축적하여 기계학습의 학습 데이터로 다시 학습시켜 줍니다. 이용자가 자주 사용하는 단어나 말버릇 등이 계속 반영되므로 사용할수록 개별화가 이루어져 이용자별 인식 정확도를 향상시킬 수 있습니다. 언어의 음성 인식 정확도는 일반적으로 85% 정도이지만, 10만 개의 의사소통이 이루어질 때마다 약 5%씩 정확도가 향상합니다.

또한 'AI GIJIROKU'를 사용하면 회의 중에 실시간으로 35개국의 언어로 자동 번역도 진행할 수 있습니다. 해외 거래처와의 온라인 회의나 국내로 방문한 외국인과의 회의 등도 지원 대상입니다. 온라인 회의가 급증하고 있는 현재 상황에 딱 맞는 회의 지원 툴이라 할 수 있습니다.

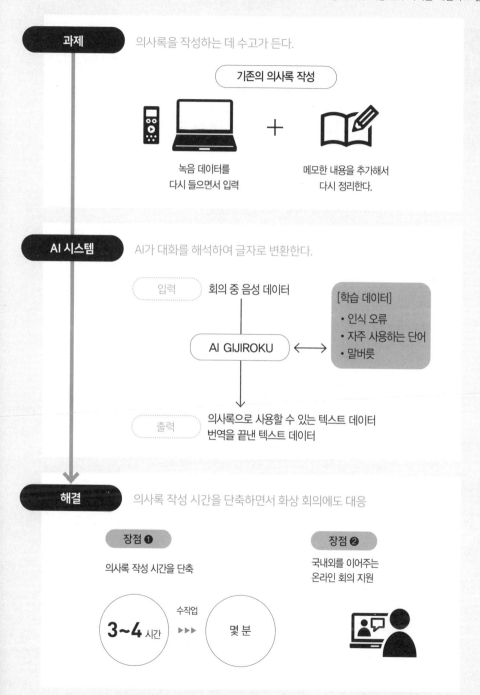

과제
의사록을 작성하는 데 수고가 든다.

기존의 의사록 작성

녹음 데이터를
다시 들으면서 입력

메모한 내용을 추가해서
다시 정리한다.

AI 시스템
AI가 대화를 해석하여 글자로 변환한다.

입력　회의 중 음성 데이터

[학습 데이터]
• 인식 오류
• 자주 사용하는 단어
• 말버릇

AI GIJIROKU

출력　의사록으로 사용할 수 있는 텍스트 데이터
번역을 끝낸 텍스트 데이터

해결
의사록 작성 시간을 단축하면서 화상 회의에도 대응

장점 ❶
의사록 작성 시간을 단축

3~4 시간　수작업 ▶▶▶　몇 분

장점 ❷
국내외를 이어주는
온라인 회의 지원

● 참고 자료 https://kyodonewsprwire.jp/release/202001105592

10

엔지니어의 튜닝으로 AI의 정확도가 향상

통신 판매 사이트 사용자의 질문에 높은 정확도로 대답해 주는 챗봇

【시행 기업】아스쿨 주식회사
【기술 제공】리라이아커뮤니케이션즈 주식회사

아스쿨이 운영하는 통신 판매 사이트인 'LOHACO by ASKUL'에서는 현재 '마나미 씨' 라는 AI형 챗봇을 채용하고 있습니다.

이전에는 고객 지원 담당자가 직접 문의 사항에 대한 올바른 대답을 해야 했기 때문에 이러한 지원 업무는 공정 수가 많은 힘든 작업이었습니다.

이 문제를 해결하기 위해 새롭게 개발된 시스템이 AI(IBM Watson)를 이용한 대화 시스템 '버추얼에이전트®'를 탑재한 '마나미 씨'입니다.

통신 판매 사이트에 들어오는 고객 문의 사항은 내용은 똑같지만, 표현은 제 각각입니다. 예를 들어 취소 문의 건의 경우, '상품 구매를 취소하고 싶다', '주문을 삭제하고 싶다', '반품하고 싶다' 등의 문의 사항이 들어옵니다.

이에 대해 AI가 문의 사항의 내용을 판단하여 적정한 대답을 분류합니다.

이때 만약 AI의 판단이 잘못된 경우에는 엔지니어가 AI에게 올바른 대답을 알려주고, 그 이후 올바른 답변을 선택할 수 있도록 튜닝을 진행합니다.

엔지니어가 조금씩 튜닝을 거듭해 나가면서 '버추얼에이전트®'의 정확도는 꾸준히 향상되고 있습니다. 그 결과 AI에게 맡길 수 있는 문의 사항이 늘어난 덕분에 고객 지원 담당자가 눈앞에 있는 고객을 대응하는 데 집중할 수 있는 시간이 늘었습니다.

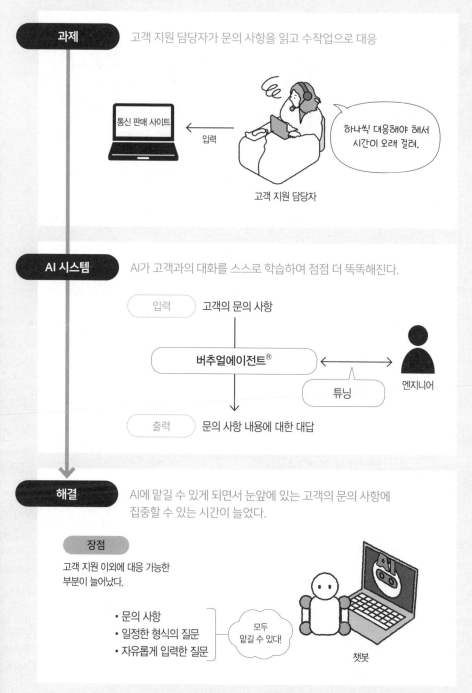

11 글자만 입력해도 자연스럽게 음성을 출력

아나운서 수준의 정확한 발음으로
뉴스를 읽어준다

【시행 기업】 주식회사 TV 아사히
【기술 제공】 NTT테크노크로스 주식회사

NTT테크노크로스가 개발한 음성 합성 소프트웨어 'FutureVoice Crayon'의 2019년 버전을 처음 이용한 것은 TV 아사히의 'AI×CG 아나운서 하나사토 유이나'였습니다.

그전까지의 음성 합성은 일반적으로 단조로운 기계 음성이었습니다. 그런데 이 음성 합성 소프트웨어에서는 딥러닝의 기술을 활용하여 감정을 담은 소량의 음성 데이터를 통한 학습이 가능해지면서 더 자연스러운 감정 표현이 가능한 음성을 제공할 수 있게 되었습니다. 실제로 AI 아나운서의 억양은 굉장히 자연스럽습니다. 눈의 깜빡임이나 입술의 움직임도 연동되어 있어 위화감이 느껴지지 않죠.

또, 정해진 메시지 전달뿐만 아니라 긴 뉴스도 막힘없이 술술 읽을 수 있습니다. 음질도 육성과 매우 비슷합니다.

'FutureVoice Crayon'은 인물이나 캐릭터 등의 여러 음성을 이용하여 새로운 목소리도 만들어낼 수 있습니다. 이를 통해 특정 목소리에 의존하지 않는 자체 제작 목소리도 합성해낼 수 있죠. 이 소프트웨어는 발언 내용에 관한 데이터를 토대로 로봇이나 CG 동작에도 연동시킬 수 있습니다.

텍스트 데이터만 입력해도 캐릭터가 자연스러운 음성으로 읽어주는 이 시스템은 다양한 상황에서 활용할 수 있어 앞으로 수요가 점점 더 높아질 것으로 예측되고 있습니다.

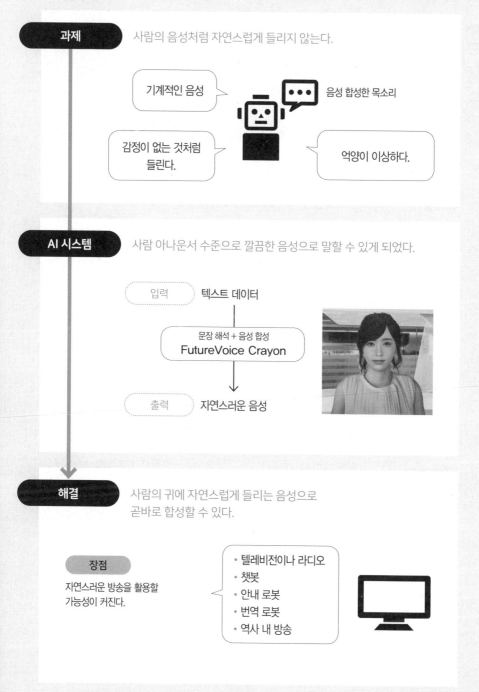

과제

사람의 음성처럼 자연스럽게 들리지 않는다.

기계적인 음성

음성 합성한 목소리

감정이 없는 것처럼 들린다.

억양이 이상하다.

AI 시스템

사람 아나운서 수준으로 깔끔한 음성으로 말할 수 있게 되었다.

입력 텍스트 데이터

↓

문장 해석 + 음성 합성
FutureVoice Crayon

↓

출력 자연스러운 음성

해결

사람의 귀에 자연스럽게 들리는 음성으로
곧바로 합성할 수 있다.

장점

자연스러운 방송을 활용할 가능성이 커진다.

- 텔레비전이나 라디오
- 챗봇
- 안내 로봇
- 번역 로봇
- 역사 내 방송

● 참고 자료 https://www.ntt-tx.co.jp/whatsnew/2020/200219.html

12

실존하지 않은 인물의 전신 이미지를 자동 생성해주는 AI가 등장

'아이돌 자동 생성 AI'로 의류업계 버추얼 모델을 제작

【시행 기업 및 기술 제공】주식회사 데이터그리드

교토대학교 국제 과학 이노베이션 건물에 본사를 둔 데이터그리드는 AI를 활용한 공동 사업 개발을 진행하는 회사로 유명합니다.

이 회사는 2018년 6월에 '아이돌 자동 생성 AI'를 개발했습니다.

하지만 아이돌 자동 생성 AI는 얼굴 영역만 이미지를 생성할 수 있어 표현력이 부족했습니다. 그래서 인물의 표현력을 더 높이기 위해 '전신 생성', '동작 생성' 연구 개발에 힘쓴 결과, 고해상도(1024×1024)의 전신 모델 이미지를 생성하는 데 성공했습니다.

이 전신 모델 이미지를 생성하는 AI에는 GAN(생성적 대립 신경망)이라는 딥러닝 기술을 사용합니다. GAN은 정답 데이터를 주지 않고 특징을 학습하는 비지도형 기계학습 방법입니다. 실존 인물 같은 데이터를 만들려는 '생성 AI'와 실제 데이터와 생성 데이터를 판별하려는 '식별 AI', 이렇게 2종류의 AI를 경쟁시키면서 학습을 진행한다는 점에 특징이 있죠.

이 경쟁을 통해 실존하지는 않지만, 실존 인물 같은 전신 모델 이미지를 고해상도 및 고품질로 생성할 수 있게 되었습니다. 이 전신 모델 자동 생성 AI는 광고나 의류업계 전자 상거래의 버추얼 모델로 이용하기 위해 개발되고 있습니다.

현재는 실증 실험을 거듭하면서 본격 운용 준비를 해나가는 단계입니다.

과제   얼굴 이미지 생성만으로는 용도에 한계가 있다.

가공 아이돌의
얼굴 이미지를 생성

아이돌 자동 생성 AI

챗봇?

얼굴만으로는
부족해.

버추얼 아이돌?

AI 시스템   광고나 의류업계에서 사용할 수 있는 전신 이미지를 생성한다.

입력   대량의 화상 데이터

속이기   **생성 AI** … 실존 인물 같은 가짜 인물을 만들어내는 AI

간파하기   **식별 AI** … 실존 인물과 가짜 인물을 판별해내는 AI

경쟁

출력   AI가 만든 고해상도의
전신 모델 이미지

해결   현실감 있는 가공 모델의 자동 생성이 가능해지면서
용도가 늘어났다.

장점 ❶

광고용 버추얼 모델

장점 ❷

전자 상거래의
코디네이션 모델

● 참고 자료 https://datagrid.co.jp/all/release/386/

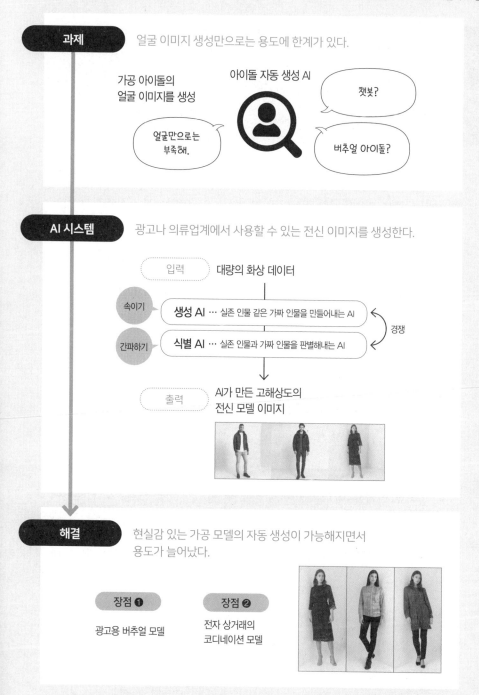

13

AI의 기계번역으로 시간과 작업량을 줄일 수 있다

글로벌 기업의 필수품은 기계학습을 통한 다언어 번역 툴

【시행 기업】주식회사 덴소
【기술 제공】주식회사 미라이번역

자동차 부품 제조사 세계 2위인 덴소는 세계 35개국과 지역에서 사업을 진행 중인 글로벌 기업입니다. 약 17만 명의 사원이 일하는 이 회사에서는 언어의 장벽을 뛰어넘을 수단이 꼭 필요했지만, 당초 도입했던 번역 툴은 정확도가 낮았습니다. 그래서 번역 회사에 번역을 의뢰했지만, 시간과 비용이 너무 많이 든다는 과제를 안고 있었죠. 그런데 미라이번역의 'Mirai Translator®' 서비스를 도입한 후부터는 사내의 번역 속도가 빨라지고 정확도도 향상했습니다. 해당 서비스는 딥러닝을 통한 기계번역 엔진을 탑재한 클라우드 서비스로 번역 언어를 선택하여 버튼만 클릭하면 번역문이 출력됩니다.

제품명이나 전문 용어, 특수 용어 등의 명사를 사전 등록하거나 이메일의 형식적인 문장이나 매뉴얼 등의 특정 문장을 메모리에 등록하며 자유롭게 맞춰 나갈 수도 있습니다.

또 영어로 번역한 후 다시 한번 원어로 번역하는 '역번역 기능'도 탑재되어 있습니다. 원어로 역번역한 후에 오류나 부자연스러운 부분을 확인하여 고쳐 나가는 작업을 반복하는 방법이 한 번 번역한 내용을 정밀 감수하는 방법보다 빠르게 정확도를 높일 수 있다고 합니다.

글로벌 기업에서 다언어 업무 번역의 정확도는 생산성 향상에 빼놓을 수 없는 중요한 요인입니다. 현재는 24시간 365일 가동할 수 있는 뛰어난 번역 엔진이 요구되고 있습니다.

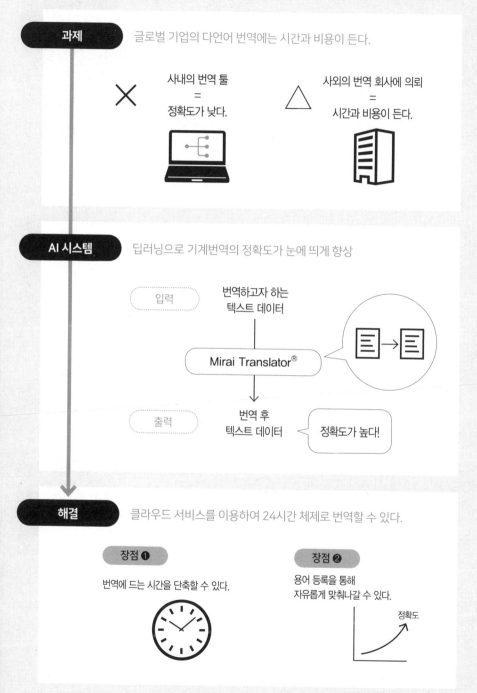

과제 글로벌 기업의 다언어 번역에는 시간과 비용이 든다.

✕ 사내의 번역 툴
=
정확도가 낮다.

△ 사외의 번역 회사에 의뢰
=
시간과 비용이 든다.

AI 시스템 딥러닝으로 기계번역의 정확도가 눈에 띄게 향상

입력 번역하고자 하는
텍스트 데이터

Mirai Translator®

출력 번역 후
텍스트 데이터 정확도가 높다!

해결 클라우드 서비스를 이용하여 24시간 체제로 번역할 수 있다.

장점 ❶

번역에 드는 시간을 단축할 수 있다.

장점 ❷

용어 등록을 통해
자유롭게 맞춰나갈 수 있다.

정확도

● 참고 자료 https://miraitranslate.com/service/

295

14

대화를 즐길 수 있는 파트너가 등장

수다는 AI의 대화 엔진으로!
대화 상대가 되어 주는 로봇, Romi

【시행 기업 및 기술 제공】주식회사 믹시

2021년 4월, 믹시는 자율형 대화 로봇 'Romi(로미)'의 일반 판매를 시작했습니다. '반려동물처럼 힐링을 주고 가족처럼 이해해주기'가 목표인 Romi는 정해진 문장이 아니라 자유로운 대화를 즐길 수 있는 로봇입니다.

이 로봇에는 2가지 엔진이 탑재되어 있습니다. 하나는 규칙 기반형 엔진, 또 하나는 딥러닝형 엔진입니다. 대화할 때는 음성 인식으로 상대의 목소리를 듣고, 2가지 엔진으로 처리한 후에 음성 합성으로 사람의 목소리를 만들어 대답합니다.

규칙 기반형은 미리 대화 내용을 쉽게 예측할 수 있는 질의응답 등에 적합한 엔진입니다. 특정 질문에 정해진 대답을 하는 정형적인 대답은 수다에 어울리지 않습니다.

수다 중에는 어떤 대화가 이어질지 예측하기 어려워 대응 패턴이 방대해집니다. 따라서 어떤 발언에도 자연스럽게 대응할 수 있도록 딥러닝형 엔진도 활용하고 있습니다.

AI가 방대한 양의 대화를 토대로 학습하여 시간대, 계절감, 개인의 취향도 가미하면서 그 분위기에 어울리는 말로 대답해 줍니다. 또, 대화 중에 Romi의 감정도 변화하여 그에 맞게 표정이나 움직임, 목소리 톤이 바뀝니다. 믹시에서는 계속해서 Romi를 진화시켜 로봇이 존재하는 삶이 당연해지는 시대가 올 수 있기를 바란다고 합니다.

과제　생활 속 파트너가 될 수 있는 대화형 로봇을 갖고 싶다.

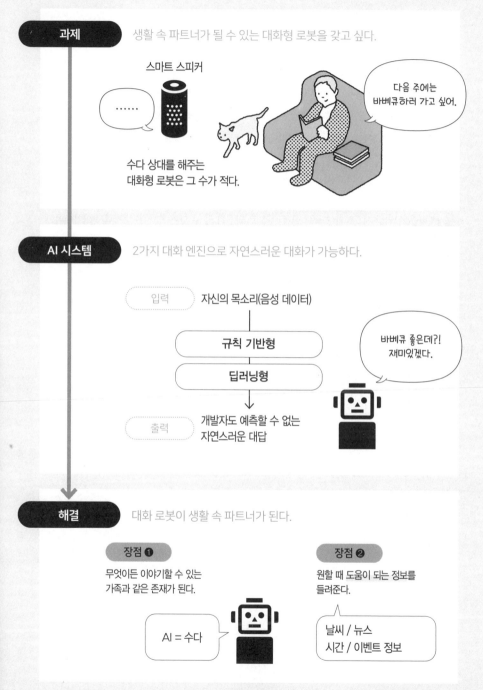

스마트 스피커

……

다음 주에는
바베큐하러 가고 싶어.

수다 상대를 해주는
대화형 로봇은 그 수가 적다.

AI 시스템　2가지 대화 엔진으로 자연스러운 대화가 가능하다.

입력　　자신의 목소리(음성 데이터)

규칙 기반형

딥러닝형

바베큐 좋은데?!
재미있겠다.

출력　　개발자도 예측할 수 없는
자연스러운 대답

해결　대화 로봇이 생활 속 파트너가 된다.

장점 ❶

무엇이든 이야기할 수 있는
가족과 같은 존재가 된다.

AI = 수다

장점 ❷

원할 때 도움이 되는 정보를
들려준다.

날씨 / 뉴스
시간 / 이벤트 정보

● 참고 자료 https://robotstart.info/2021/04/20/romi-talking.html

【 참고 문헌 】

• 《가장 쉬운 AI 입문서(인공지능)》 오니시 가나코, 아티오

• 《AI 도입 교과서》 이하라 와타루, 슈와시스템

• 《인공지능 교과서 비즈니스 구축부터 신기술 개발까지》 이모토 타카시, 성안당

• 《AI 인재가 될 수 있다(통계와 프로그램 지식은 불필요하다)》 노구치 류지, 도요케이자이신포샤

• 《직장인의 교양 데이터 과학(데이터 과학에는 데이터를 이해하는 당신이 필요하다)》 타카하시 이치로, 프리렉

• 《기계학습 엔지니어가 되고 싶은 사람을 위한 책(AI 분야로 이직하다)》 이시이 다이스케, 쇼에 이샤

• 《기계학습&딥러닝 시스템과 기술이 이 한 권으로 확실히 알 수 있는 교과서》 주식회사 아카데미 야마구치 타쓰키&마쓰다 히로유키, 기술평론사

• 《인공지능과 딥러닝(인공지능이 불러올 산업 구조의 변화와 혁신)》 마쓰오 유타카, 동아엠앤비

• 《지금 꼭 알아야 할 AI 비즈니스》 이시즈미 토모에, 디스커버트윈터원

• 《미래 IT 그림풀이(앞으로의 AI 비즈니스)》 야나베 타쿠, 임프레스

• 《신일본(AI×데이터 시대의 일본의 재생과 인재 육성)》 아타카 가즈토, NewsPicks 퍼블리싱

【 참고 웹사이트 】

• e.g.AI 활용 사례 검색 플랫폼 https://ledge-eg.com

• AINOW https://ainow.ai/